浙江省高校重大人文社科攻关计划项目（2018QN057）

农民工在城市社会的心理融合研究

廖传景　胡新新 ◎ 著

云南出版集团

云南人民出版社

图书在版编目（CIP）数据

农民工在城市社会的心理融合研究／胡新新，廖传景著. －－昆明：云南人民出版社，2021.3

ISBN 978-7-222-19974-3

Ⅰ. ①农… Ⅱ. ①胡… ②廖… Ⅲ. ①民工－城市化－研究－中国 Ⅳ. ①D422.64

中国版本图书馆 CIP 数据核字（2021）第 013051 号

责任编辑：赵　红
助理编辑：起　源
策　　划：蓓蕾文化
责任校对：任　娜
责任印制：代隆参

农民工在城市社会的心理融合研究

Research on Psychological Integration of Migrant Workers in Urban Society

廖传景　　胡新新　　著

出版　　云南出版集团　云南人民出版社
发行　　云南人民出版社
社址　　昆明市环城西路 609 号
邮编　　650034
网址　　www. ynpph. com. cn
E-mail　ynrms@sina. com
开本　　710mm×1000mm　1/16
印张　　13
字数　　240 千字
版次　　2021 年 3 月第 1 版第 1 次印刷
印刷　　成都新恒川印务有限公司
书号　　ISBN 978-7-222-19974-3
定价　　39.00 元

如有图书质量及相关问题请与我社联系
审校部电话：0871－64164626　出版部电话：0871－64191534

内容简介

本书为浙江省高校重大人文社科攻关计划项目（2018QN057）"农民在城市社区的心理融合及促进研究"的总结性成果。本书从理论阐述与实证探究两个视角介绍农民工在城市社会的心理融合与心理健康问题。本书上篇（理论篇）包括农民工心理融合概述、农民工职业心理健康、职业生涯规划与农民工心理适应、人际交往与农民工心理融合、家庭生活与农民工心理融合、压力应对与农民工心理融合和农民工心理融合过程中的自我调适；下篇（实证篇）包括农民工生存与发展状况调查研究、农民工心理健康调查研究、农民工心理健康研究热点与趋势等。

自　序

　　在当今中国社会，无论如何人们都无法忽略这个群体的存在。无论是在车水马龙的城市大道上，还是在热火朝天的建筑工地上；无论是在大型的商场、超市，还是在快递、物业公司，都有他们穿梭忙碌的身影。这个群体就是农民工。

　　在中国近3亿的农民工人群中，无论是初出茅庐的年轻新生代，还是已步入中年的"老江湖"，广大农民工朋友无不透露出对生活的热爱和对美好未来的向往。但是，社会终究不是烂漫的青草地，而是一个残酷的竞技场。虽然已经没有了古罗马斗兽场的那种你死我活的惨烈厮杀，但是对农民工来讲，想要在城市里扎下根来，融入城市社会进一步改善生活，也不是一件容易的事情。

　　生存、融入、发展，这是当前很多农民工朋友在城市里的三部曲。虽然，中国的改革开放事业已进行了四十多年；虽然，不少农民工朋友已经在城市里扎下了根，获得了一些发展的机会和空间，但是，对绝大多数，特别是新生代农民工来讲，他们的处境并未得到根本性的改观，他们在城市社会的融合还处于漫漫征途上。他们带着梦想、怀着憧憬，奔波于职场之间，辗转于离开家乡的远方，常常是拖着疲惫的身躯回到暂时栖居、并不温暖的小窝。有时候抬头望着天空，他们也许会扪心自问，"这样的生活还要持续多久？""这就是我想要的生活吗？"……无论是谁，在物质上获得一定满足后，精神世界的挑战和问题就会随之而来。

已经不止一次听到或看到，网络、报纸、电视、广播等媒体关于农民工因各种各样的事件而引发悲剧的报道。其中的原因，不只是物质的缺乏。背井离乡的处境中社会支持系统的缺乏，导致内心的孤独无助；城市里人海茫茫，却找不到可以倾诉内心的人；工作中常常感到压力很大，却又找不到情绪宣泄的出口……这些都影响了农民工的身心健康状况，影响了农民工在城市社会的心理融合。大多数人都认同，只有个体真正实现对城市社会的融入与融合，才能真正说明他们实现了市民化。现代心理学研究已经证实，个体的心理健康方面出现问题，容易使其生活和工作变得很混乱，甚至酿成悲剧。一群人总是处于不良的社会处境之中，他们的心理健康维护系统将变得单薄而脆弱，如若出现问题，必将引发一系列的社会问题。

近年来，就关爱弱势群体的生存与发展而言，大到政府，小到社区、企业，都在关爱农民工身心健康方面做了许多实事、付出了许多努力，已经构建起了包括法律援助、就业指导、技能培训、社会保障、子女教育、家庭婚姻帮扶、心理健康关爱等在内的全方位立体式的农民工关爱机制。广大农民工的身心健康、职业发展状况、社会生活处境等均发生了巨大的变化。与十年前相比，关于农民工心理与行为的研究内容日益丰富，研究体系日渐成熟，所产生的社会效益亦逐渐显现出来。

笔者从 2006 年开始关注农民工心理健康问题，陆陆续续主持了几个农民工心理健康课题，并且完成了几篇关于农民工心理健康研究的学术论文。2018 年，笔者获得了浙江省高校重大人文社科攻关计划项目的课题立项，开启了对农民工在城市社会心理融合这一课题的深入研究。

这本书从理论与实证两个方面对农民工在城市社会的心理融合与心理健康问题进行了介绍，上篇（理论篇）包括农民工心理融合概述、农民工职业心理健康、职业生涯规划与农民工心理适应、人际交往与农民工心理融合、家庭生活与农民工心理融合、压力应对与农民工心理融合、农民工心理融合过程中的自我调适章节。下篇（实证篇）包括农民工生存与发展状况调查研究、农民工心理健康调查研究、农民工心理健康研究热点与趋势、农民工心理健康及其社会性影响与保护因素、农民工心理症状及影响因素（未婚与已婚比较）、建筑业农民工健康及保护因素研究、农民工社会支持与心理症状的关系（社交回避及苦恼的影响）、农民工社交回避及苦恼与心理症状的关系研究。一本书是无法说尽 3 亿多农民工在城市社会里的酸甜苦辣咸，只是静静期待能为农民工心理研究新添稚嫩一笔。

由于笔者水平有限、时间匆忙，疏漏与错误在所难免，恳请同行、专家及读者批评指正。

作　者

2020 年 6 月于温州

目　录

理 论 篇

实　证　篇

理 论 篇

第一章　农民工心理融合概述

第一节　关注农民工心理融合的背景与意义

中国城市化进程飞速发展，农民放下锄头，离开乡土，风风火火加入"进城运动"。他们被称为中国的新工人群体，为城市的建设与发展奉献力量。据国家统计局报告，2019年中国农民工规模继续扩大，人口流动继续增加，总量达到29077万人，比上年增长0.8%。其中，本地农民工11652万人，比上年增加82万人，增长0.7%；外地农民工17425万人，比上年增加159万人，增长0.9%。作为底层的弱势群体，农民工来到城市后，遭遇了诸多"水土不服"。作为城市中一个特殊而重要的群体，他们的心理融合与心理健康问题得到了越来越多的关注和研究。

一、农民工心理融合问题的时代背景

这是一道中国经济、社会发展过程中独特的风景线；这是一股涌动于中国社会发展进程中的暖潮；这是一支奔忙于城市与乡村、翻转于东西与南北之间的重要的建设者队伍；这是一个非常值得关注的社会群体——它就是当前生活在城市里，从农民队伍里发展而来，显示出巨大力量的"农民工"队伍。

中国目前有近3亿的农民在城市打工，还不断有大量新增劳动力涌入城市。他们承担着城市里许多最累、最苦、最脏、最危险的工作，为城市的繁荣发展做出了巨大贡献。在发达地区的许多城市，外来农民工的数量已超过

理论篇

· 003 ·

当地常住居民，这对推动工业化进程、加快城市经济发展起到了重要的作用。

农民工群体是当前社会的一个特殊群体，也是一个弱势群体。进入城市后，他们不仅要面对一个完全陌生的环境，而且由于劳动时间长、工作条件差、职业病和工伤事故多；工资偏低，被拖欠现象严重；生活居住、子女上学、就业培训、社会保障等方面均存在诸多困难，不少合法权益得不到有效保障，从而引发了不少社会矛盾和纠纷，导致农民工朋友经常面对强烈的心理矛盾与心理冲突，出现了不同程度的心理偏差或心理障碍。

农民工群体应当认识到：只要拥有健康的身心，就能坦然面对和适应复杂多变的工作与生活环境，从而真正融入城市生活。通过心理调适以维持心理平衡，达到身心和谐，这不仅是农民工维护自身心理健康的重要措施，也是建设和谐社会的需要。

二、农民工心理问题的现实案例

农民工为什么要多多关注心理健康？这是农民工融入城市过程中的重要课题。先来看以下这个案例：一个原本在工友们看来亲切又勤快的同乡，却在一瞬间失去理智，乱棒打死了前去问候他的同乡。

据报道，常某是从甘肃到青海西宁的务工人员。在工友们眼里，常某是个比较随和又勤快的人。某天，常某没有上工。晚上10点多，同乡林某向康某提议去探望他，两人来到常某的出租屋门前。突然，常某手提一根一尺多长的三轮车转动轴冲了出来，劈头盖脸地向走在前面的老乡林某头上挥去。林某被打倒在地，康某逃出来招呼别的工友制服常某。林某因头部连续被铁棒殴打40多棒，当场死亡。警方随后赶到，将常某带到公安局。据他交代，他最近心情很差，生了病不能出去挣钱，感觉压力很大。那天，他一直觉得周围的人要害他，就在他觉得到处都是危险的时候，听到外面有人说起他的名字，门被推开了，于是他不顾一切地冲了出去……惨案就这样发生了。

无独有偶，几乎同时，在浙江省杭州市也发生了一起类似的伤人事件。

小张等3名安徽籍农民工在一家小饭店内就餐，喝醉之后，因为店主拒绝再卖酒给他们，双方发生口角，结果3人将店主打伤，并与随后赶到的民警发生了冲突。3名农民工因涉嫌酒后暴力袭警、妨碍民警执行公务而被依法刑事拘留。被拘留后，他们委屈地说，自己从农村老家抱着"淘金"的念头到城市打工，结果发现现实生活与期望相差很大，连续换了几个工作都干不长。"令人难以忍受的是，人家总瞧不起我们，平常也不跟我们说话，和城里人一比，我们觉得自己处处都不如人家。"小张说店主不卖酒给他们，他们认为这是因为店主看不起他们，所以他们长期压抑的心情一下被点燃了，一场冲突就不可避免了。

"我想回家，但没钱回不了。"头发染成黄色的任某以此解释自己"简单"的犯罪动机。任某是河北易县农民，初中文化程度，曾在一家洗浴中心打工，半个月之前遭到解雇。他想回老家，准备抢点钱回家用。那天，在北京市海淀区魏公村车站的过街天桥上，一个女人提着一个黑色的皮包过街。任某跟着那个女人走到桥中间的时候，从她身后冲上去，双手抓住包带使劲拽。第一次没拽过来，又使劲拽，"这一次拽过来了，我就往回跑，下了天桥"。一个过路的穿红衣服的男子立即帮助被抢的女人追赶任某。后面的人追得紧，任某想翻过隔离带逃跑，就把包先扔了过去。"我刚跳过去，包还没有捡起来，一个男人就把我摁住了。"这个人正是被抢女人的丈夫。案发的时候，任某刚刚过了18岁生日。

这些看似偶然的事件，其实反映出农民工在城市融入过程中的困境。许多农民工发现理想和现实存在巨大的反差，打工生活很不如自己的意，业余文化生活又极其单调，极为乏味，到处都能听到老乡、工友、同事的抱怨和责骂，随时都能感受到来自社会的压力、城里人的歧视。他们在城市里没有朋友，没有寄托，没有希望，有了心理问题找不到人倾诉，加之又没有合适的解脱方式，从而导致心理出现异常，更极端的情况是，还有人会故意伤害他人。

我国著名心理学家潘菽教授说过："我们因为注意身体的健康，故而研究生理卫生，我们想要心理得到健全地发展，则必须注意心理卫生。"

三、心理健康概述

（一）心理健康的定义

心理健康是指个体心理在本身及环境条件许可范围内所能达到的最佳功能状态，不是指绝对的十全十美的状态。心理健康包括一切旨在改进及维持上述状态的措施，例如精神疾病的康复、精神病的预防、减轻充满冲突的世界带来的精神压力，以及使人处于能按其身心潜能进行活动的健康水平等。我国的一些心理学著作则指出，心理健康是以积极、有效的心理活动和平稳、

理论篇

正常的心理状态，对当前和发展着的社会和自然环境，以及自我内环境所反映出的良好的适应功能。因而，对心理健康一词我们可以从以下三个方面去理解。

1. 没有心理疾病

心理疾病又称精神疾病，是心理活动的异常表现。没有心理疾病是心理健康的基本要求，因为在心理疾病状态下，人无法正常地发挥心理活动的功能，故而对日常生活和工作有明显的影响。心理疾病无疑是心理不健康的表现。

2. 对不良心理活动能够及时而有效地调节

人生活在复杂的社会中，矛盾冲突、压力打击随处可见，没有人能够事事顺心，时时愉快，在各种生活事件中产生消极心理是在所难免的。心理健康的人并不是永远都处于良好的心理状态下，他在生活中也有烦恼，也有痛苦，有这样或那样的心理困扰。当出现这些问题时，心理健康的人能及时发现，并采取合适的方法和手段调节心理活动，使自己尽快恢复到正常的心理活动状态中。在充满竞争的现代社会中，能够很好地调整心态是保持心理健康的一个重要要求。

3. 保持积极、平稳的心理状态

心理活动正常地发挥功能，身心潜能在社会生活中得到充分的发挥，这是心理健康的理想状态。它包括在各种社会条件下都保持平稳、正常的心理状态，不论顺境还是逆境，不论成功还是失败，不论自己处于社会的哪一个位置，心理健康的人都可以尽可能地做到心平气和、愉快满意地对待现实，较少产生心理困惑。另外，这种理想状态还包括对社会的良好适应能力，比如能够胜任工作和学习、能通过自己的努力获得一定的事业成就与社会认可、能与周围各种人保持融洽的人际关系、勇于承担责任、善于解决各种社会问题，等等。

（二）心理健康的标准

心理学家将心理健康的标准描述为以下几点。

第一，有适度的安全感，有自尊心，对自我的成就有价值感。

第二，适度地自我批评，不过分夸耀自己，也不过分苛责自己。

第三，在日常生活中，具有适度的主动性，不为环境所左右。

第四，理智、现实、客观，与现实有良好的接触，能容忍生活中的挫折打击，无过度的幻想。

第五，适度地接受个人的需要，并具有满足此种需要的能力。

第六，有自知之明，了解自己的动机和目的，能对自己的能力做客观的估计。

第七，能保持人格的完整与和谐，个人的价值观能适应社会的标准，对自己的工作能集中注意力。

第八，有切合实际的生活目标。

第九，具有从经验中学习的能力，能适应环境的需要改变自己。

第十，有良好的人际关系，有爱人的能力和被爱的能力。在不违背社会标准的前提下，能保持自己的个性，既不过分阿谀奉承，也不过分寻求社会赞许，有个人独立的意见，有判断是非的标准。

（三）不健康的心理

不健康的心理常常表现为以下几类，由于处于社会弱势地位，农民工常常表现出其中的一种或几种不健康的心理。

1. 自卑心理

有些人容易产生自卑感，甚至瞧不起自己，只知其短不知其长，甘居人下，缺乏应有的自信心，无法发挥自己的优势和特长。有自卑感的人，在社会交往中办事无胆量，习惯于随声附和，没有自己的主见。这种心态如果不改变，久而久之，有可能逐渐磨损人的胆识、魄力和独特个性。

2. 怯懦心理

主要见于涉世不深、阅历较浅、性格内向、不善辞令的人。怯懦会阻碍计划与设想的实现。怯懦心理是束缚思想行为的绳索，理应断之，弃之。

3. 猜疑心理

有猜忌心理的人，往往爱用不信任的眼光去审视对方和看待外界事物，每每看到别人议论什么，就认为人家是在讲自己的坏话。猜忌成癖的人，往往捕风捉影，节外生枝，说三道四，挑起事端，其结果只能是自寻烦恼，害人害己。

4. 逆反心理

有些人总爱与别人抬杠，以此表明自己的标新立异。对任何事情，不管是非曲直，你说好他偏偏说坏，你说一他偏说二，你说辣椒很辣他偏说不辣。逆反心理容易模糊是非曲直的严格界限，常让人感到反感和厌恶。

5. 排他心理

人类已有的知识、经验以及思维方式等，需要不断地更新，否则就会失去活力，甚至产生负效应。排他心理恰好忽视了这一点，它表现为抱残守缺，拒绝拓展思维，这促使人们只在自我封闭的狭小空间内兜圈子。

理论篇

6. 冷漠心理

有些人对与自己无关的人和事一概冷漠对待，甚至错误地认为言语尖刻、态度孤傲、高视阔步，就是自己的"个性"，致使别人不敢接近自己，从而失去了更多的朋友。

第二节　农民工常见的心理融合问题

目前，农民工的融合心理主流是积极的：吃苦耐劳、遵纪守法、积极进取。但是由于生活工作的巨大压力、精神生活的严重缺失、工作生活条件的恶劣、社会地位的低下等等原因，一些农民工的心理出现了问题。这些问题主要表现为以下几个方面。

一、自卑的心灵蓄养悲观的情绪

一般来说，能够进城务工、经商的农民工，在年龄、体力和文化程度上都属于农村人口中比较优秀的一类。但是，城市居民由于先天具有的地域优势，可轻松获得许多社会公共资源，在社会生活方面享受诸多便利，在社会竞争方面具有明显的优势。相比之下，这种因先天差别而导致的不平等很容易使农民工产生自卑心理。这种自卑心理在以下几个方面表现得尤为突出。

（一）户口问题

部分农民工虽然进入城市，但由于没有城市户口，在就业、生活、医疗、教育等方面受到的待遇与城市居民有所差别，这使这部分农民工觉得自己处处"低人一等"。

（二）城市居民的歧视

一些城市居民以城市人自居，歧视农民工，拒绝与农民工交往，认为农民工是"二等公民"，称呼农民工为"乡巴佬"。城里人的歧视直接导致了农民工的自卑心理。

（三）生活反差

对于那些刚刚进入城市的农民工来说，在农村，大家彼此之间的差距不大，但体验过城市的繁华生活、感受过城市人的优越感后，反观自己身处城市底层的身份，两者形成了强烈的反差，从而深深刺激了他们的自尊心，加重了自卑感。农民工的自卑心理使他们的联系范围主要集中在有相同地位和经历的打工者身上，这使他们与城市人隔绝，形成一个比较封闭的群体，而这却不利于他们融入城市文明，更不利于其自身素质的提高。

一方面，农民工过于看重城里人对自己的评价和看法，渴望得到城里人的接纳和认同。另一方面，被歧视和孤立无援的现实生活又使他们对自己的能力产生怀疑，进而对未来生活缺乏信心。同时，农民工多对城乡差别比较敏感，改善自身和家庭现状的愿望和要求非常强烈。然而，制度设置的诸多困境又使农民工不能正确估计自己的能力，尤其是在遇到挫折和困难时往往显得无助和无奈，不能坚持到底，容易半途而废，常常表现出畏难、消沉、急躁、自责等悲观情绪。

二、失衡的心灵饱受挫折考验

对于绝大多数农民工来说，他们是城市社会的弱势群体，他们干的是最脏、最累、最苦、最危险的工作，本应得到的社会认可却总是未能如愿到来。他们的心灵长时间处于失衡状态，内心饱受挫折的折磨，久而久之便产生了心理问题。这种心灵失衡主要表现在以下几个方面。

（一）职业待遇的不平衡

从收入对比来看，近年来城市职工工资福利普遍提高，而农民工工资待遇却很少提高，有些甚至还在下降；从工作条件来看，农民工在城市里主要从事劳动强度大、工作环境差、危险程度高的工作，并且劳动福利少得可怜；从收益分配来看，农民工往往是收益较少的群体，与过去几年相比，近些年来，农民工的薪资收入水平有了较大的提升，基本消除了过去同工不同酬的现象，但因为身份区别，对农民工的劳动歧视仍然顽固存在，长此以往，将引发他们产生强烈的被剥夺感，这种心理的长期潜伏与蔓延，将引发他们对现实社会的抵触和不满，并在有些人身上发展为反社会心理。

（二）社会关怀的不平衡

农民工经常处于工资收入低且常被拖欠、合法权益受侵害且投诉无门、从事危险工作且安全无保障的境遇。农民工的这种境遇与城里人在经济收入、生活水平、医疗教育、社会保障等各方面的优势形成巨大反差，使得农民工在心理上有一种与政府疏离的感觉。头顶同一片蓝天却不能享受阳光的温暖，感受不到平等的公民待遇且屡遭挫折，这必然会导致农民工心理失衡。

（三）城乡发展差异带来的体验不平衡

我国的农村与城市之间的经济发展水平存在着很大的差距。在农村的时候农民工对这种差距还没有亲身体验到，但是一旦进入城市，城市居民就成了他们的参照群体。如果将不合理的体制所带来的隐性福利加进去,中国城乡收入差距达到5:1甚至6:1,农民工对此差距有强烈而深刻的体验。

三、压抑的心灵埋下怨恨与抵触

改革开放以来,农民工为城市建设和发展做出了巨大的贡献,理应受到全社会的尊敬和重视。实际上,农民工处处居于被歧视和被排挤的地位,既有体制方面的无形排斥,也有许多有形的不公正对待。日常生活中,有些城市居民将农民工视为"外来人",看作是低人一等的"二等公民"。这种境遇使农民工心理长期受到压抑,如果得不到释放,就会形成怨恨情绪,产生抵触心理,进而发展为对城里人的敌意和报复。

(一)经济上引起的抵触

农民工对城市、对城市居民的抵触心理并非天生而来的,而是在他们一步步融入城市的过程中,一点点被激发而起的。在户籍的"保护伞"下,城市居民享受着国家社会保障和福利,大多可以较轻松地生活着。而农民工不仅没有社会保障,而且收入相对也少。更为严重的是,农民工的工资还经常无端遭到老板克扣和拖欠,甚至屡屡出现老板突然卷款逃走的事情。

(二)人格尊严上被歧视引起怨恨

一些城市居民由于户口而产生优越感,看不起农民工,再加上农民工进城,一定程度上影响了城市的正常社会秩序,如交通、环境卫生、城市居民就业等,这就更加加重了城市居民对农民工的歧视。许多大型商场、酒店、娱乐场所以衣衫不整为借口,禁止农民工入内。经济上的不满和人格尊严上的受歧视,直接导致农民工心理失衡,进而产生报复行为,如故意损坏城市公共设施电话亭、垃圾桶、文化景点等等。

(三)需要不能实现的压抑

从农民工的现状来看,经济状况难有起色,生活十分贫苦,居住、饮食条件极差,生存需要难以满足;从事着最脏、最累、最危险的工作,劳动强度大而劳动环境差,卫生与安全保护设施不达标,劳动安全需要难以满足;长期处于"边缘"状态,以及受到城市居民的歧视,使他们的各种基本需要难以满足;从农村到城市,怀揣着美好的愿望,而进城务工后的种种境遇使他们的自我价值无法实现,从而使其自我实现的需要也难以满足。上述的各种需要始终得不到满足,必然使农民工长期处于心理压抑状态,他们自然就会滋生出怨恨情绪,而这必然会成为影响国家长治久安与社会安定的重大隐患。

四、归属与安全感缺失，农民工游走在城市边缘

（一）没有归属感

农民工从农村来到城市，大多起初是想提升自己，跳出"农门"，成为真正的城市人。但由于城市户籍的限制，加上自己的文化水平较低，只能从事低层次的工作，面对城市高额的房价以及其他开销，他们很难在城市立足。农民工在城市不能享受国家的社会保障，而农村的土地则可以给农民工最后一份保障。这些都导致农民工群体从最初梦想成为城市人的理想心理过渡到城市"过客"心理，渐渐对城市失去归属感。农民工在城市找不到归属感，也就不会主观产生为城市服务的意愿，从而主要从经济利益的角度来考虑工作。有些农民工为图取轻松和快速致富，甚至铤而走险，利用一些违法手段来谋取利益，影响了城市的正常秩序。

（二）没有安全感

由于户籍的限制，农民工在城市无法享受城市居民拥有的社会保障和福利。同时，农民工也很少有机会和时间参加城市居民的社会组织，遇到困难时难以像城市居民一样通过这些组织来捍卫自己的合法权益。此外，农民工在城市大多从事着城市人不愿干的职业，如建筑工、清洁工、服务员等。农民工大多在规模较小的私营企业工作，这些企业很少给农民工购买社会保险，农民工法律意识淡薄，没有维权意识，以致农民工的财产及人身安全得不到保障。据南京市的一份问卷调查显示：78.2%的农民工没有节假日，61.6%的农民工反映工作累，27.7%的农民工被克扣过工资，而利用法律维护自己的利益和找有关部门解决的只有15.2%，老板帮自己购买保险的只有20.2%。

第三节　农民工心理融合的影响因素

除了普通人所受到的心理健康影响因素外，农民工由于自身身份的特殊性也面临着一些特殊的心理融合影响因素，如因身份差别导致的不平等而产生的自卑心理、因城乡收入差距而产生的被剥夺心理和不满情绪、因社会交换不对等而出现的心理失衡、因城市人对农民工的心理隔阂而产生的压抑心理和怨恨情绪、因生存压力和背井离乡而产生的紧张心理和孤独情绪、因文化生活单调而产生的空虚心理等。

理
论
篇

一、身份差别而导致的不平等易使农民工产生自卑心理

在就业、生活、医疗、教育等许多方面，农民工都与城市人隔着一条难以逾越的鸿沟。城市居民由于先天的城市人身份，在社会生活方面能够享受到诸多"特权"，在社会竞争方面占据着明显的优势，在现实利益和心理感受上都有一种优越感。而农民工虽然心里非常希望得到城市人的承认和接纳，但农民身份又使他们在面对城市人时往往显得非常自卑，对自己缺乏信心，总觉得自己各方面都不行，甚至会不自觉地回避与城市人的交往，形成自我隔离的状态。

农民工从农村迁入城市后，由原来的农民角色转变为城市工人角色，这个新的角色超出了他们过去所熟悉的认知范围。该职业目前仍具有相当程度的不确定性、风险性和变化性。农民工在经济、政治、文化上的"边缘"地位，使他们处在非城非乡、进退失据的尴尬状态。农民工不了解自己扮演的社会角色，不清楚其权利和义务的构成，导致了角色不清的问题。因此而造成的农民工自身角色归属感不足与外界角色认同感缺失，使他们很容易产生自卑心理和悲观情绪。

二、城乡收入差距易使农民工产生被剥夺心理和不满情绪

近年来，城市职工的工资普遍提高，又有医疗、教育、失业保障等各种社会福利，加上农产品物价比较稳定，粮食等食品类商品价格较低，大多数城市居民都能较为从容地生活。而农民工抱着发财致富的高期望来到城市，进入城市后虽然从事的是劳动强度大、工作环境恶劣、危险性高的工作，但在收益的分配上，却是受益最少的群体，加之农民工身处城市，对城乡差别也有了直接且强烈的心理体验。

收入分配上的不平等和生活水平上的巨大反差，使农民工产生强烈的被剥夺心理。在自身利益长期被忽略甚至被损害的情况下，农民工就会心理失衡，从而导致他们对现实社会产生严重不满情绪，甚至在个别人身上发展为反社会心理，出现制造突发事件、报复富人群体的违法犯罪行为。

三、社会交换的不对等，使农民工心理失衡

社会学家霍曼斯认为，在交换者看来，整个人类社会行动都可以视为"一种至少是在两个人之间进行的交换活动，不论交换是有形的或无形的，

也无论其报酬或代价的大小如何"。社会学家布劳使社会交换理论得到进一步完善，他将社会生活中常见的酬金分为四种类型：金钱、社会赞同、尊重和服从。他认为人们在社会交换过程中希望得到的是公平、等价的交换。当交换不平等时，人们就会不满，愤愤不平，产生挫折感，滋生逆反心理和报复心理，对社会的治安构成威胁。

农民工在城市里工作，为城市的繁荣发展做出了巨大贡献，但是，农民工的付出却得不到公平的交换。在收入方面，农民工工资极低，只能维持最低生活水平；在社会赞同和社会尊重方面，农民工得不到公平的对待。他们受到极大的排斥、歧视，得不到城市的接纳和尊重，处于"边缘"地位，这些都直接伤害了他们的人格尊严。可见，农民工为城市付出的极多而得到的极少，这种极不平衡的交换，怎能不引起他们的不公平感、挫折感？他们的心理怎能平衡？

四、城市人对农民工的心理隔阂客观上使农民工产生压抑心理和怨恨情绪

我国长期存在的城乡二元体制，使得城市人和进城务工农民的心理隔阂在短期内难以消除。在一些城市人眼里，农民工就是土气、粗俗的代名词，他们不能从心理上真正接纳这些外来者。而对于大多数农民工来说，虽然生活在城市，却很少能够感受到城市的进步与文明。现实的情况是，一些农民工不但不能像城市其他社会成员那样感受尊严和关怀，而且在城市务工期间其合法权益还屡屡被侵害，如：工资拖欠严重、福利待遇差、劳动伤害、超时加班、不签订劳动合同、随意解除劳动合同、子女受教育难、人格受歧视等不公平的待遇，这些都让农民工难以忍受。农民工虽然身在城市但却不被城市接纳，不能与城市人正常交往与合作，不能像城市人一样感受平等、尊严和关怀，还要忍受城市人鄙夷的目光和蔑视的态度，这会使农民工感到委屈、心酸，容易让农民工产生被排斥的压抑心理和怨恨情绪，产生农民工与城市人的"族群对立"，更有甚者则可能在人格受损时，以破坏城市公共设施、偷窃、群殴等极端方式来发泄自己的压抑心理和怨恨情绪。

五、生存压力和背井离乡使农民工产生紧张心理和孤独情绪

农民工大多远离故土和亲人，他们脱离了原来的生活环境，在城市孤身闯荡。狭窄的生活圈子、艰难的生存状况和陌生的城市容易使农民工产生孤

独、寂寞的感觉。大多数农民工经济条件差、家庭负担重、文化水平低，他们的知识、能力与社会需求极不相称，很难拥有一份较为稳定的工作。因为工作的频繁变动，农民工要经常面对陌生的工作、陌生的环境、陌生的群体，由此产生的紧张、焦虑、恐惧、自卑等心理问题长期积压在一起，加之远离家乡和亲人，又没有可以道出心里话的人，从而导致农民工情绪低落、倍感压抑。在巨大的身心压力无法排解的情况下，相当一部分的农民工都采取了消极的生活方式，有的将自己封闭起来，有的则借酒消愁甚至寻衅滋事。

六、文化生活单调容易使农民工产生空虚心理

城市中的文化设施和休闲场所很丰富，但由于农民工业余时间少，收入又不高，所以基本消费不起城市中的文化设施和休闲场所。农民工务工期间的社会生活空间几乎呈封闭状态，他们不被所在城市的主流生活接纳，文化、教育活动极其缺乏。

同时，大部分农民工文化素质低，进城打工往往从事的是简单的体力劳动，劳动强度普遍较大，劳动时间较长，身心疲惫。平时又较少接受学历提升教育及文化艺术培训，较少阅读书刊、报纸，即使有一些空闲时间，大多数情况下也以看手机、玩游戏、打扑克、与老乡聊天等方式度过。所交往的人群，基本上集中于公司同事，少量的亲戚朋友以及老乡，普遍表现出"内卷化"的特点。他们在交流过程中，对社会的不满容易被表达、流露出来，消极的思想及相关信息也容易在狭小的群体中相互震荡，彼此影响，久而久之产生寂寞、无聊的虚空心理，精神气不足。在思想上表现为动力不足，缺少积极的人生目标指引，少数人的人生观、世界观出现不良变化，还会有少数农民工在行为上出现一些偏离，如为了金钱不择手段、闯入法律禁区等。

第四节　心理咨询与农民工心理健康

在现实生活中，特别在是辗转异乡、进入城市的打工生活中，农民工总会碰到许多心理健康方面的问题，单靠他们自己一个人的智慧与力量，很难圆满、顺利地解决问题。如果有条件，借助专业的心理咨询师的智慧和方法，则能较快地获得问题的解决方法。

一、心理咨询的定义

心理咨询（counseling）是指运用心理学的方法，向心理适应方面出现问题并寻求解决问题的求询者提供心理援助的过程。需要解决问题并前来寻求帮助的人被称为来访者或者咨客，提供帮助的咨询专家称为咨询者。来访者就自身存在的心理不适或心理障碍，通过语言文字等交流媒介，向咨询者进行述说、询问与商讨，在其支持和帮助下，通过共同的讨论找出引起心理问题的原因，分析问题的症结，进而寻求摆脱困境、解决问题的条件和对策，以便恢复心理的平衡、提高对环境的适应能力、增进身心的健康。

随着现代化的工作和生活节奏越来越快，人们所承担的压力越来越大，所面临的困境越来越多，而心理咨询可以帮助人们挖掘心理潜力、提高自我认识、走出心理阴霾。比如情绪情感问题，身心疾病，儿童发展中的心理问题，青春期身心发展的不平衡，社会适应问题，性心理知识咨询，男女社交与早恋，青年独立性和依赖性的矛盾，友谊与恋爱，成就动机与自我实现性问题，择偶与新婚，人际关系，择业、失业与再就业，中年及更年期人际冲突、情绪失调、工作及家庭负荷的适应，家庭结构调整，更年期综合征，老年社会角色再适应，夫妻、两代、祖孙等家庭关系，身体衰老与心理衰老，老年性生活等问题都可以通过心理咨询得以缓解和帮助。

二、心理咨询的对象、分类和过程

（一）心理咨询的对象

心理咨询最一般、最主要的对象，是健康人群或存在心理问题的人群，它有别于极健康人群，也和心理治疗的主要对象有所不同。

（二）心理咨询的分类

根据咨询的内容，心理咨询可以分为发展咨询和健康咨询；根据咨询的规模，可分为个体咨询与团体咨询；根据咨询采用的形式，可分为门诊咨询、电话咨询和互联网咨询。

1. 发展咨询

为了适应现代化的工作和生活节奏，人们越来越重视对自身的认识和关注，而发展心理咨询，可以帮助人们挖掘心理潜力，提高自我认识的能力。当自我认识出现偏差或障碍时，可以通过心理咨询得以解决。随着人类物质文明和精神文明水平的不断提高，人们渐渐开始关注如何全面提高生活质量，

理论篇

比如提高学习和工作能力、保持最佳工作状态、维护安宁的生活环境、协调家庭成员和社会成员的人际关系。心理咨询作为一种专业技能，可以帮助人们调整内心世界，提高生活质量。

发展心理咨询常涉及以下内容：孕妇的心理状态、行为活动和生活环境对胎儿的影响，儿童早期智力开发，儿童发展中的心理问题，青春期身心发展的不平衡，社会适应问题，性心理知识咨询，男女社交与早恋，青年独立性和依赖性的矛盾，友谊与恋爱，成就动机与自我实现性问题；择偶与新婚，人际关系，择业、失业与再就业，中年及更年期人际冲突、情绪失调、工作及家庭负荷的适应，家庭结构调整，更年期综合征，老年社会角色再适应，夫妻、两代、祖孙等家庭关系，身体衰老与心理衰老，老年性生活等。

2. 健康咨询

那些觉得自己心理不够健康的人，都是心理健康咨询的对象。也就是说，凡是因为某些心理社会刺激而引起心理状态紧张的人，并且明确在身体或情绪上感到困扰的人，都可以是健康心理咨询的对象。因为心理社会刺激非常纷繁而复杂，在目前的社会广泛存在着。因此，凡是在生活、工作、学习、家庭、疾病、康复、婚姻、育儿等方面出现了心理问题，一旦求助者有了不适或痛苦的体验，都可属于健康心理咨询的工作范围。

健康心理咨询的内容大致如下：各种情绪障碍，如焦虑恐惧、抑郁悲观等；各种不可控制性的思维、意向、行为、动作的解释；各类心身疾病，如冠心病、高血压病、支气管哮喘、溃疡病等，以及性功能障碍；长期慢性躯体疾病，久治不愈，对治疗不满意，又丧失信心，因而需进行心理上的指导；精神病康复期求助者的心理指导；对家庭中的求助者，应如何进行处理、护理问题等。

（三）心理咨询的过程

心理咨询过程，实际上是"心灵重建"的过程，它所追求的目标是帮助你实现"心灵再度成长"的任务。一般而言，心理咨询的过程包括进入与定向阶段、问题—个人探索阶段、目标与方案探讨阶段、行动/转变阶段和评估/结束阶段五个环节。

1. 进入与定向阶段

建立辅导关系；搜集相关资料，以利初步界定问题，明确辅导需要；初步了解当事人的个人、环境资源；做出接案决定；做出辅导安排。

2. 问题—个人探索阶段

建立良好的关系；搜集有关资料，以进一步界定和理解问题；协助当事人进行自我探索，达到对当事人的深入了解。

3. 目标与方案探讨阶段

激发当事人改变的动机；处理好当事人的期望和目标的关系；咨询师要明了现有的干预手段和自己能力的局限；咨询目标的确定要以当事人为主，咨询师起辅助作用。

4. 行动／转变阶段

避免让当事人变成一种被动接受、依赖的角色；保持灵活性；要注意治疗收获在实际生活中的迁移应用情况；经常进行评估，即根据已确定的目标，看咨询和治疗实际取得了多大进展。

5. 评估／结束阶段

评估目标收获；处理关系结束的问题，分离焦虑；为学习的迁移和自我依赖做准备；最后一次会谈。

三、心理咨询与农民工

心理咨询对外出务工的人会在哪些方面产生什么样的帮助呢？具体地讲，心理咨询可以在六个方面为农民工提供支持和帮助。

（一）教会农民工管理自己的情绪

较多农民工的社会地位并不高，其心理活动会受到来自各方面的影响，在日常生活中，人们不可避免地会产生一些不快的情绪，这些情绪在一定程度上会消耗我们的能量，并影响我们的健康。心理咨询就是帮助来访者把耗损性情绪（或者称作"负面情绪"）转化为积极的情绪，让来访者的心里充满阳光，使来访者拥有积极稳定的情绪，避免罹患各种情绪障碍，如抑郁症、躁狂症、歇斯底里症等。

（二）帮助农民工学会正确认识自我和周围世界

每个人的思维方式、归因倾向以及认知特点各不相同，应对困难和挫折的态度、行为也大相径庭。有些人容易钻牛角尖，有些人遇到挫折后容易气馁……心理咨询能引领来访者跨过人生的低谷，迈向更有生命力、充满乐趣的世界，使来访者拥有完善的认知体系，避免因为错误归因而导致的种种失败。

（三）帮助农民工恢复爱的能力

在远离家乡的城市里工作，对许多农民工来说，最大的痛苦莫过于寂寞，没有朋友，缺少关爱。实际上，爱是可以通过学习而得到的，经过心理咨询

理
论
篇

师与来访者在心灵深处的沟通，来访者会感受到被爱、被关注，内心涌起被肯定的积极情感，重新体验到爱的力量，从而学会幸福地工作、幸福地生活、幸福地去爱。

（四）使农民工拥有健全的人格

人格（也叫个性）的形成是个非常复杂的过程，受到多种因素的影响，而且它在一个人成长的早期就已基本形成，因此一些不良的人格特征就像影子一样会一直跟随着来访者，在不知不觉中发挥着巨大的破坏作用。就像有些农民工感受到的那样，他的朋友总是一根筋，爱钻牛角尖，遇到问题习惯性地想不开等。心理咨询虽然不可能彻底重塑来访者的人格，但却可以帮助来访者瓦解自卑、自恋、自闭等不良心态带来的巨大的破坏力，从而更好地投入到学习、工作和生活中去，使来访者的人生更顺利。

（五）帮助农民工摆脱痛苦，重新面对现实

在打工生活中，水土不服、人际交往挑战、工作压力、生活压力等，会给农民工带来诸如失业、失恋、离异等痛苦，而心理咨询可以教会农民工应对生活中种种挫折的方法，还可帮助农民工在人生重大问题上正确、独立地做出抉择。

（六）帮助农民工度过人生各个发展阶段的种种危机

人的每一个年龄段都有各自的发展任务，如果没有完成好，就会影响到下一个年龄段的正常发展。心理咨询师会帮助来访者认识自身目前的年龄段任务是什么、了解在完成任务的过程中会有怎样的情绪、学会如何克服不良情绪带来的反应、学会如何顺利地完成这些任务等。

第二章　农民工职业心理健康

第一节　农民工职业心理健康概述

农民工虽来自全国各地，从事着不同的工作，但他们所面对的工作和生活困扰却相似，所产生的心理问题也相同。本节主要探讨农民工常见的与工作有关的不健康心理及在工作过程中如何进行情绪自我调整。

一、常见的与工作有关的不健康心理

人在职场，职业（工作）很容易挑战和影响我们的健康，导致产生一些不健康的心理。人们要首先了解与工作有关的不健康心理的表现，才能采取有针对性的措施。对于广大农民工朋友来说，在工作中常见的过度竞争心理又有哪些呢？

（一）竞争心理

竞争是当今世界普遍存在和经常出现的一种现象。对处于社会弱势地位的农民工来说，竞争更易引发一系列的心理问题。公平竞争是现代社会提倡的健康的意识与行为，但是有竞争就会有压力。压力会导致情绪的兴奋，也会引发一定的焦虑情绪。面对竞争的失败，很多人会情绪低落、意志消沉等。在追求每个月的生产量的提高、销售额的增加等方面，人们都会感受到来自家庭的希望、朋友的关注、单位的要求、社会的制约等方面的压力，所有这些都会唤起人们的竞争心理和意识。如果对竞争有不恰当的理解，就会引发内心不舒适的感受。

（二）挫折心理

日趋激烈的社会竞争会造就无数的成功者与失落者、得意者与失意者。人们争取在自己所熟悉和擅长的领域内有所追求和抱负，并付出种种努力以达到自己的目标，但是当这种成功的要求不能持续性得到满足或只有少部分能得到满足时，就会产生挫折心理。挫折心理主要表现为：情绪沮丧、抑郁不得志、内心苦闷、意志消沉等。究其原因，大多是因为外界社会、企业、其他人不能满足个人的主观需要，比如说，希望买到城里的房子，但是经济收入又不够支付房款；希望出色地完成领导交办的任务，但是限于个人的能力和水平，感觉不能胜任；很希望得到别人的赞赏和支持，特别是上级领导、重要同事或者家人的赞赏和支持，但是，自己的表现总不如意；很希望能和上级友好相处，或者希望和工友平等相待，但是自己没能处理好，这些都会带来挫折感受。

（三）逆反心理

逆反心理是指用相反的行为和态度来应对别人的劝说和观点，就是人们俗称的"唱反调"。比如说，有些人总爱跟别人抬杠，以说明自己标新立异；或者无论对什么事情，都不论是非曲直，别人说好，他就说坏，别人说对，他就说错，好让别人对其另眼相看。但是这样做，常常会影响到一个人的正常的人际交往和工作任务的执行。唱反调，哪怕是无心地与别人对立，往往都会影响和破坏难得建立起来的人际关系，也会破坏和谐的团队与集体的氛围，不利于我们在一个集体里与别人良好地交流。如果一个人经常性地出现逆反心理或逆反行为，就要考虑其是否已经陷入了工作与生活的心理误区。

（四）孤独心理

外出打工，在陌生的城市漂泊，不少农民工觉得自己像是一叶孤舟，航行在茫茫大海之上，离群索居，孤身一人，孑然独立，独来独往。不少人也意识到了自己的性格比较孤僻，害怕与人交往，特别是在一些正式的社交场合，会不由自主、莫名其妙地封闭内心的世界，或者孤影自怜、无病呻吟，甚至在工作中也是如此。离开熟悉的故土来到陌生的城市，更是增加了内心的孤独感。有些农民工朋友不愿意投入火热的生活之中，却又抱怨别人不理解自己，不接纳自己。心理学把这种心理状态称为"闭锁心理"，把因此而产生的一种感到与世隔离、孤单寂寞的情绪体验称为"孤独症"。实际上我们每个人都知道，我们在这个世界上是无法避免和别人接触的，社会是我们生存和发展的基本土壤，所以，我们在工作和生活中，应尽量避免陷入孤独，当然，我们也没有必要害怕孤独，要学会克服孤独，主动迎战孤独。

（五）嫉妒心理

嫉妒心理，俗称"红眼病"，它普遍地存在于全社会全体国民之中。英国著名的文学家莎士比亚曾经说过："嫉妒是绿眼妖魔，谁做了它的俘虏，谁就要受到愚弄。"比如说，当我们面对原本与自己地位和能力差不多或比自己还差的人职位得到提升或取得较大成就时，有些人内心就会产生强烈的不满、愤恨、恼怒，甚至带有破坏性的消极情感，这会让自己感到很不舒服，让别人也觉得别扭。容易嫉妒的人，往往自认为自己在各个方面都比别人厉害，所以成就也应该比别人大，所以当看到别人的长处，自己又无力或不愿改变现状时，就产生了"酸溜溜"的心理。当然，羡慕他人的优势，可以激发一个人奋发图强的精神，这是积极方面，但也可能使人丧失理智，做出不利于自己或他人的事情来。

（六）虚荣心理

虚荣心理是一种为了满足自己对荣誉、成功、社会地位的欲望，而表现出来的不正常的社会情感，是一个人过度看重自尊心的一种表现。有虚荣心的人为了夸大自己的实际能力或水平，往往采取夸张、隐藏、攀比、甚至犯罪等手段来满足自己的欲望和要求，这样对别人、对社会造成的危害都是很大的。而这和因人们的职业和社会分工的不同所造成的社会和经济地位的差异密切相关。有些人想爬上更高的社会阶层，或者占有更多的社会资源，或者想得到更多的利益，但如果因为种种原因不能实现，个人的自尊心就会受到打击，认为丢了"面子"，就会开启自我调解机制，即通过满足虚荣心来达到心理的平衡。

（七）压抑心理

压抑心理是指个人受到挫折后，不是将变化的思想、情感释放出来，而是把它们压抑在心头，不愿承认烦恼的存在。比如，有些农民工朋友在工作时，由于别人的问题而导致自己在工作上出现了错误，别人逃过了惩罚，自己却被老板或领导狠狠地批评，但是他没有选择将自己的情绪发泄出来，也没有找人倾诉，而是一个人默默承受，黯然神伤，伤心哭泣。心理学研究证实，压抑能起到暂时减轻焦虑的作用，但焦虑情绪不是完全消失，而是进入了一个人的潜意识之中，从而使得他的心态和行为变得消极。压抑的形成，可以是因工作或家庭压力太大，也可以是因生活中规范太多束缚了个性，还可以是因人际交往的频频失败，而某些敏感、多愁善感的人则更容易出现压抑情绪。有压抑心理的人，常表现为情绪消沉、自我封闭、回避社交、优柔寡断、身体不适，以及在不适当的时候做出不恰当的反应。

二、工作过程中情绪自我调整

情绪是一个人面对现实是否满足我们需要时的态度体验，主观色彩非常浓厚。正是因为情绪表达的多样性，我们的生活才如此丰富和多彩。但是，情绪并非总是给我们带来好处，如果处理不当，负面影响也是随处可见的。在工作和生活中，难免会发生冲突，因冲突而产生的负面情绪，如果不能控制在一个合理的范围内，冲突就会愈演愈烈，会影响到工作，伤害人与人之间的感情。因此，每个人都有必要正视工作中各种问题的挑战，掌握一些控制情绪的方法和技巧。

（一）平心静气

美国经营心理学家尤里斯教授提出了能使人平心静气的三项法则："首先降低声音，继而放慢语速，最后胸部挺直。"降低声音、放慢语速都可以缓解情绪冲动，而胸部向前挺直，会缓和冲动紧张的气氛。因为人们情绪激动、语调激烈时，通常都是胸部向前倾斜的，当身体前倾时，就会使自己的脸接近对方，这种讲话姿态会人为地造成紧张局面。

（二）正视现实

无论工作多么繁忙，无论压力多么巨大，现实都是无法逃避的，消极的心理防御，只能加重心理障碍。当感觉巨大的压力使得自己无法正常工作时，先平息自己的焦躁情绪，仔细分析一下面前的困难，心平气和之余，也许会发现事情原来并没有想象中的那么糟糕，还有很多可以回旋的余地。即使是一败涂地，也还有重新站起来的机会。

（三）进行积极的自我暗示

要有发奋图强的意愿，时刻告诉自己要坚持，难关终会过去，要坚信"我有我的优势，我并不比别人差"。自我暗示本身就是对意志的锻炼。如果一个人总是对自己说"我不行"或"我可能干不来"，最终大多会是无所作为、没有出息。

（四）了解自己的生理周期

每个人的心理状态和精力充沛程度会在一天之内不断变化，有高峰，也有低谷，这就是人的生理周期。大多数人在午后达到精力的高峰，但是人和人之间的表现也是各不相同的。建议可以连续记录自己一天的心理状态、觉醒程度、反应速度和所进行的活动，找出自己的精力变化曲线，然后合理安排每天的活动。

（五）找知心朋友或亲人倾诉内心衷肠

如果自己不能纾解烦闷，可以找自己信赖的人，向他们倾诉自己的种种烦恼、失望、痛苦与悔恨。也许并不需要他们说些什么，需要的只是在可亲可信的人面前将内心的苦闷与烦恼全盘托出。这样做可以使郁闷的心情得以宣泄，有助于使不安的心情平和下来，重获心理上的平衡。

（六）闭口倾听

"如果发生了争吵，切记免开尊口。先听听别人的，让别人把话说完，要尽量做到虚心诚恳，通情达理。靠争吵绝对难以赢得人心，立竿见影的办法是彼此交心。"这是英国著名的政治家帕金森给我们提出的建议。愤怒情绪发生的特点在于短暂，"气头"一过，矛盾就较为容易解决了。当别人的想法你不能苟同，而一时又觉得自己很难说服对方时，闭上嘴巴，用心倾听别人所讲的话，感受别人的立场和观点，这样会使对方意识到，听话的人对他的观点感兴趣，这样不仅压住了自己的"气头"，同时有利于削弱和避开对方的"气头"。

（七）求助于心理医生

由心理医生进行正规的心理学干预，不仅是一种直接的治疗，而且能提升心理承受力和心理调节能力，尽快恢复心理平衡和健康。

第二节　职业挑战及应对

上一节主要探讨了农民工常见的与工作有关的不健康心理以及在工作过程中如何进行情绪自我调整，但这仅仅是对结果的描述与补救，毕竟治标不治本。想要提升农民工心理健康水平，首先得了解农民工在现实生活中所面临的工作压力，进而提出应对建议，才能从根本上提升农民工心理健康水平。

一、农民工职场压力表现

现代社会瞬息万变，人们在职业生涯中可能会遇到各种各样的烦恼和压力。当一个人的各种想法遇到了障碍而不能实现时，他就会产生不良情绪反应，即心理压力。大多数农民工朋友由于各种各样的原因，再加上受到工作条件的限制，常常感受到比其他人更多的职业压力。工作压力如果得不到妥善的处理，不但不利于工作，而且不利于身心健康，因此，正确应对来自工

理
论
篇

作的压力也是一个重要的课题。

（一）压力可能导致的问题

一个人付出艰辛的劳动，但仍然难以达到预期的成功，就会引起情绪的波动，长此以往，便会处于一种情绪压抑、挫败或失落感之中。当一个没有足够信心的人面临严峻的职业挑战、工作关系或职场人际交往时，就会出现明显的紧张、不安、恐惧、威胁感。如果日常生活和工作中，出现较多的挫折、威胁或冲突，就会使人们的内心长期处于一种压力之下，有些人会出现愤怒、不满、敌意、对抗、焦躁、苦闷、冲动等心理与行为，若持续时间过长且得不到疏泄，将不利于个人的身心健康。

（二）职场压力应对

心理学家提醒，不要在发怒、生气等情绪不良的情况下做决定，那些决定会因受到消极情绪的干扰，而有所偏离。面带怒气的责骂、发泄可能根本无济于事，生气状态下的责骂、对抗会加重人的生理反应，还会使个人的社会形象受损。压抑、退缩、苦闷、忧虑和消沉更是无济于事。因此，面对来自工作的压力，最重要的是进行自我心理调整。

首先，要对压力和挫折表示认同和接纳，主动协调自己与周围环境的关系，尽可能地避免对立和矛盾情况的发生。其次，应该学习表达自己的内心。忧郁、痛苦、沉闷和攻击性，也常常产生于不能对自己内心的需求、愿望和感受进行表达。将不良的情绪转移至外界，或找贴心朋友倾诉，或将精力投注于工作和家人，或想办法宣泄，从而平衡内心的情绪或情感，保护自己免受情绪上的损伤。

其他一些比较有效的应对压力的方法有如下几个方面。

第一，在纸上写出在家庭、职业、社会生活中的压力及其原因，对每一个"压力"源，思考三种不同的处理方法，必要时与心理医生协商。

第二，把问题、困惑等向亲朋好友倾诉，将个人的压力、烦恼一吐为快。

第三，必要的时候可以"自我吹嘘""自我赞美"一番，保持良好的自我感觉。

第四，不要将责任都揽到自己身上，设法学会同别人合作，和别人共同分担责任。

第五，勇于决断。错误的决断比不决断、犹豫不决要好。决断错误，可以修正。不决断、犹豫不决，会导致压力持续增大，有损身体健康。

第六，及早预防，早期解消产生压力的原因。

第七，保证充足的睡眠时间，及时补足身体精力。

第八，运用幽默、微笑和呼吸放松疗法保护大脑神经。

二、劳动争议的心态调适

劳动争议是指劳动关系双方当事人因劳动权利和劳动义务所发生的争议。对广大进城务工的农民工朋友来讲，在当前保障机制不完善的情况下，异地就业，较为容易出现劳动争议。碰上劳动争议既影响我们的工作，又影响我们的心理健康。因此需要慎重对待，积极做好心态调适，以利于问题的妥善解决。

（一）劳动争议产生的原因

要处理好劳动争议，首先要认清劳动争议产生的原因。产生劳动争议的主要原因包括以下几个方面。

第一，由于录用、调动、辞职、自动离职和开除、除名、辞退就业者引起的争议。

第二，由于工资报酬问题引起的争议。

第三，由于劳动保险和生活福利问题引起的争议。

第四，由于职业技能培训问题引起的争议。

第五，由于工作时间、休息时间、女工及未成年人保护、劳动安全与卫生问题引起的争议。

第六，由于奖励和处罚问题引起的争议。

第七，由于履行、变更、解除和终止劳动合同引发的争议。

第八，其他有关劳动权利、义务问题引发的争议。

（二）出现劳动争议，调适心态的方法

出现劳动争议以后，不要冲动、急躁，也不能六神无主，应积极地寻求解决途径，寻找保护途径。协商解决劳动争议的过程，或许是漫长的，所以更加需要我们摆正心态，做好充分的精神和心理准备。

学习有关法律法规，学会保护自己。一般劳动争议如果能够协商解决最好，协商解决不成再想其他途径；协商没有解决的，可以向劳动争议调解委员会申请调解。劳动争议调解委员会一般设在企业工会委员会；调解没有解决的，可以向劳动争议仲裁委员会申请仲裁。仲裁委员会的办事机构一般设在县（区）、市的劳动局；仲裁没有解决的，可以向法院提起诉讼。这有两种情况，一是务工者如果对仲裁裁决不服，可以从收到仲裁裁决之日起15日内向法院提起诉讼；二是如果用人单位在收到仲裁裁决之日起15日内未向法院提起诉讼，并且逾期不履行仲裁裁决，劳动者可以向法院申请强制执行。

理
论
篇

在整个劳动争议调解的过程中，当事人要学会克制自己的负面情绪，也要学习交流与沟通的技巧，学会积极争取正当的利益，保护好自己不受到伤害。

积极争取企业、工会、社区等的支持，不消极等待，也不冲动冒进，争取劳动仲裁的主动权。

第三节　失业的心理应对

在大部分农民工面对着工作压力的同时，一部分农民工面对着失业的巨大打击。相比于工作压力，失业的压力无疑更具打击力。失业对农民工来说意味着丧失生活来源，无力支付基本的生活支出。因此，本节注重探讨失业的心理影响、失业者心理问题的影响因素、失业的心理应对。

一、失业及心理影响

当人们遭遇失业或者被辞退时，常会出现以下表现：茫然无助、不知所措，随后是愤怒，对社会或家庭宣泄不满。由于文化程度相对较低、业务素质相对欠缺、个人性格原因、企业的要求较高等因素的影响，农民工常常会遭遇失业问题。失业离岗后，其结局有以下几种：有的行为退缩、回避困难、逃避现实，从此一蹶不振；有的对自己悲观失望，对生活失去信心；有的则将愤怒转向外界，沉溺于烟酒、打骂家人、抱怨政府等。

据有关报道显示，20%的失业者会出现心理障碍，特别是女性。几乎每一个失业者都会有各种理由来指责社会、单位或别人对自己的不公平对待。然而，每个人只有不断调整自我，使自己更好地适应社会，才能避免各种心理问题的发生。

二、失业者心理问题的影响因素

好不容易进入城市工作，谁都希望能够拥有一个稳定的工作状态，希望不要出现太多的波动，但是，现实并非如我们所想象的那么美好和顺利，会出现这样或那样的问题，导致我们失业，处于无业状态。失业离岗本身就是一个严重的心理打击，容易导致出现一些精神（心理）问题。

（一）个人的心理特点

一个人出现严重的心理健康问题或精神疾病，既有外在的原因，又有内在的因素，当然内在的因素会起到决定作用。一个人的心理特点，对他在学习、生活和工作过程中保持精神和心理的正常，具有重要的作用。如果一个人的性格过于内向，不善于与他人交流，碰到事情又过分责备自己，情绪容易焦虑紧张等，那么他的应激对抗能力一般也较差，在遭遇各种失业打击时，就容易出现心理问题或精神问题。

（二）失业事件本身

失业事件本身就是一个严重的心理打击，失业给人们的心理、生活造成了许多影响，特别是失去经济来源，会导致人际关系紧张、心情烦躁、情绪波动、苦闷焦虑，甚至悲观失望、彷徨不安等。这样就可能会影响社会治安，因为失业人员容易产生对政府和社会的不满心理和行为，从而影响社会稳定。美国犯罪学研究成果表明，失业率与犯罪率存在一定的相关性，失业率每增长 1%，犯罪率就会增长 5.7%。在家庭稳定方面，失业对夫妻感情、家庭关系等影响很大。现在我们已经认识到失业既是经济问题，也是社会问题，我们要以主动的姿态迎接挑战，积极适应市场经济条件下的竞争，增强个人与家庭的抗打击能力。

（三）社会保障体系的相对不完善

当前我国正处于转型时期，社会保障体系并不完善，特别是针对农民工的社会保障，更是处于初期的构建状态，还不能从社会中得到长远、有力的支持，一旦失业或下岗，就容易产生前途渺茫、身如无根浮萍的想法。而无论是失业者还是下岗者，大多都是上有老、下有小，假如丢了工作，个人或家庭的经济压力就会成倍增加。压力的激增，就容易导致身心疾病的产生。

（四）失业后的角色转换

经济来源和职业身份是确定个人身份、地位的重要因素之一。一般来说，一个人失业以后，他的社会角色和社会地位就会发生变化，还会失去自尊，变得自卑、封闭，导致一些心理问题的产生。农民工一旦失去工作，就意味着生存受到威胁，个人还会感受到来自家庭、社会的压力，如果一个人不能适应这种变化，就可能会增加精神（心理）问题发生的概率。

（五）缺乏心理健康知识

由于受到传统文化的影响，中国人普遍不重视个人的心理问题，避讳精神健康问题。精神（心理）健康问题的解决虽然有医学方法，但只是在医学界受到认可。失业会导致出现一些心理健康问题，但是由于大多数农民工缺乏心理学知识，往往认为身体不适才是病，对精神和生活质量的价值和意义认识不高，因此缺乏自我调整心理状态与压力的能力和技巧。加上社会对精神（心理）疾患的误解和偏见，使人们不敢以轻松的心态到精神卫生机构咨询和治疗，以便及时调整病态心理。

三、失业的心理应对

如何应对因失业而产生的心理健康问题呢？

（一）重新反省自己

再次审视自己，认清自己的心理特点、兴趣爱好、能力特长和能够利用的社会资源，好好分析失业的个人原因。每个失业者应及时总结自己的问题，及时调整自己的心态，以积极的态度再就业。

（二）以积极的心态重新择业

由于失业常常发生在弱势群体身上，或者发生于意料之外，许多失业者不愿接受失业的事实，造成自己持久的失业离岗的状态。所以要正视自己的不足，利用有限的时间和精力弥补自身的不足，再度参与竞争，重新选择工作。

（三）为失业者提供强大的心理支持

如果自己是失业者的亲朋好友，当亲人或朋友已经失业，或者已经失业一段时间后，要及时关注他们的精神和心理状态，充分利用一切资源来缓解心理压力。失业者自己对失业及相关问题要有正确的认识和态度。失业作为既成事实是无法改变的，若再出现精神心理障碍则是"屋漏偏逢连夜雨"，对自己、对别人都是得不偿失的。中国传统文化中也有许多观念，如"失之东隅，收之桑榆""塞翁失马，焉知非福"等，对正确调整心态，重新择业都是有益的。"留得青山在，不怕没柴烧"，最重要的终究是自己的身心健康。

（四）如果出现问题就要及时就医，不忌讳、不回避

失业给个人生存和家庭经济带来的压力不言而喻，很少人能默默无语地承受很长时间，假若自己已经出现了一些心理问题，不要忌讳，也不要回避，可以到正规的精神卫生机构或心理咨询机构接受咨询和治疗。

第三章　职业生涯规划与农民工心理适应

第一节　职业生涯规划与农民工发展

造成农民工工作压力及失业压力的原因除了其自身的文化水平不高等因素外，最主要的原因是大部分农民工没有真正审视自己、认识自己、了解自己、对自己做正确的自我评估。如果农民工可以对自己的兴趣、特长、性格、学识、技能、智商、情商、思维方式、道德水准以及社会中的自我等进行准确的评估，并以此选择适合自己的工作，必将大大减轻农民工的工作压力，降低农民工的失业率。

一、职业生涯规划简介

职业生涯规划对所有职场人来说都很重要，人在一生的历程中，都需要靠职业来生存和发展。每个人都需要规划好自己的职业生涯，主动把握它、迎合它、顺应它才是生存之道。有些农民工朋友会说，职业生涯规划，那是大学生的事，我们居无定所，四处漂泊，生活如无根的浮萍，天天生活在变化中，甚至工作有没有着落也不清楚，还需要做职业生涯规划吗？实际上有这样的看法的人并不在少数，正是由于存在这样的观点，很多农民工的城市生活才没有更多的改变。离开家乡进城工作，如果没有合理的、长远的、多方面的规划，就无法进一步实现个人的职业理想和生活理想。那么怎样看待农民工做职业生涯规划这个问题呢？

（一）从社会的角度看

每年一度的春节，大量的农民工返乡，春节过后又有大批农民工进城。在上亿的劳动力大军流动过程中，许多人完成了一年的职业劳作，来年又重归游离的状态，不能也无法重新回到从前的单位，也不能从事原先的职业。因此，大量的人力资源耗费在等待、煎熬、徘徊和痛苦之中。这中间有很多原因是农民工朋友在自己进入城市之后，没有对自己能做什么、自己想要什么、有什么基础、个人发展的方向是什么等问题，做深入、系统的分析和探讨。农民工朋友做好自己的职业生涯规划，有利于建立科学的择业观，提高就业的成功率，还可以减少失业、被辞退的情况。从社会角度来看，这对降低就业压力是有较大帮助的。因此，农民工朋友做职业生涯规划是现实社会的需要。

（二）从企业发展的角度看

长期以来，由于我国拥有巨大的劳动力资源优势，整个劳动力市场呈严重的供过于求的状态。进城务工人员一方面为企业提供了大量的廉价劳动力，另一方面，上到国家、下到企业都逐渐产生了对员工流动和使用的依赖，企业招聘员工一般不用发愁。但是，目前大多数企业对待农民工劳动力，都是重在使用而轻视培养，重视招聘新员工而轻视已有劳动力的再提高，更不用说对员工进行职业发展规划和技能提升。实际上，企业员工缺乏职业安全感和职业发展需求的满足感，员工的安心工作就会出现波动，企业发展就会有隐患。如果农民工劳动力资源没能及时有效地得到规划、开发与储蓄，大部分农民工很可能将永久性地退出劳动力市场。为了农民工的"再出发"与产业的"再发展"，就必须做好劳动力供给的"蓄水池"，进行科学的职业发展规划与开发。

（三）从个人发展的角度看

从个人的角度来讲，绝大多数农民工原来是在土地上从业的农民，出于寻求个人的发展等目的，离开了自己熟悉的家乡，来到全新的城市环境里，谋求有所发展，但是如果个人在进入城市职场之前，对自己的未来发展没有规划和目标，则会对个人的发展造成障碍。特别对刚刚成长起来步入城市的年轻打工者（新生代农民工），用怎样的眼光来看待自己未来的发展道路，将对其一生的成就产生重大影响。农民工做好个人的职业生涯规划，对个人发展的意义主要体现为以下几个方面。

做好职业生涯规划，可以分析自我，可以准确评价自身的职业能力、性格特点、价值追求、优势与劣势等，从而在职业竞争中发挥个人优势，以既有的成就为基础，确立人生的方向，提供奋斗的策略。

通过职业生涯规划，可以重新安排自己的职业生涯，突破原有生活的局限，塑造全新、充实的自我。即使已经进城打工多年，仍然可以评估个人目标和现状的差距，提供前进的动力。

通过职业生涯规划，可以重新认识自身的价值并使其增值。通过自我评估，知道自己的优缺点，然后通过反思和学习，不断完善自己，使个人价值增值；还有助于全面了解自己，增强职业竞争力，发现新的职业机遇。

职业生涯规划通常建立在个体的人生规划上，因此，做好职业生涯规划可以将个人的生活、事业与家庭联系起来，让生活充实而有条理。

二、农民工职业生涯规划

农民工与大学生一样都是劳动力大军里的一支重要力量，所不同的是，农民工的学历层次更低，职业流动性会更强。农民工进行的职业生涯规划，有着特殊的要求。那么农民工该怎样做好职业生涯规划呢？根据职业生涯规划理论，农民工规划自己的职业生涯可以从以下几个方面入手。

（一）评价评估

即审视自己、认识自己、了解自己，做自我评价。自我评估就是对自己做全面分析，通过自我评估才能对自己的职业做出正确的选择，才能选定适合自己发展的职业生涯路线，才能对自己的职业生涯目标做出最佳抉择。因此，自我评估是职业规划的重要步骤之一。自我评估的内容包括自己的兴趣、特长、性格、学识、技能、智商、情商、思维方式、道德水准以及社会中的自我等。也许农民工会说，自己没有什么特长。其实不是这样的，每个人都有自己的特长，只是平时没有去挖掘发现而已。仔细分析自己，就会发现原来自己还有这样或那样的特长。

（二）评估职业机会

评估职业机会就是指分析内外因素对自己职业选择的影响。每个人都处在一定的环境之中，离开了这个环境，便无法生存与成长。所以，在制定个人的职业规划时，要分析环境条件的特点、环境的发展变化情况、自己与环境的关系、自己在这个环境中的地位、环境对自己提出的要求以及环境对自己的有利条件与不利条件，等等。只有对这些环境因素充分了解后，才能做到在复杂的环境中避害趋利，使职业规划具有实际意义。农民工要把自己作为一个职业人来了解周围的环境、自己所在的地区、自己将要就业的行业等。只有清晰掌握周围的环境，才能权衡利弊。

（三）选择职业

通过自我评估、职业生涯机会的评估，认识自己、分析环境，在此基础上对自己的职业做出选择。也就是在职业选择时，要充分考虑到自身的特点，即自己的能力、性格和兴趣，特别是个人的工作能力。工作能力往往是一个人在劳动力市场选择合适岗位时的限制因素。分析自我、了解自己、分析环境、了解职业世界，使自己的性格、兴趣、特长与职业相吻合。通过对自己以往的经历及经验的分析，找出自己的特长与兴趣点。选择职业重要的是能正确地分析自己，找到自己最适合做的工作，然后努力成为本行业的佼佼者。职业的选择决定以后的成长道路，所以每一位农民工千万不要简单地认为找一份工作就是自己以后的职业，随意从这个工作跳到那个工作，这里不行就到那里，对待自己的工作选择要慎重。

（四）制订职业计划

个人在做职业发展计划的时候，要考虑自己所选择的工作能否帮助自己实现人生的最终目标，是否有办法可以让自己现有的职业与自己的人生基本目标一致起来。简单地说，自己希望在多少年之内达到什么目标，根据这个目标又该怎么做。通常在制订职业计划时，先制订一个长期目标，然后把长期目标分解成一个个短期和中期目标，这样每一个短期目标就会变得贴近生活、容易达到。

（五）实施行动

开始行动，这是所有生涯设计中最艰难的一个步骤，因为行动就意味着停止梦想而切实地开始作为。如果想法不转换成行动，就是一纸空文，目标也只能停留在梦想阶段。如果农民工想成为一名电工或家政人员，当制订职业规划后就可以立即行动起来，并参加政府提供的免费技能培训。针对大量需要培训的农民工，政府每年都会提供大量的资源为农民工进行多种形式的免费培训。农民工可以充分利用这些机会，提升自己的能力。无论是刚刚踏上职业路途的年轻人，还是40岁左右并且正陷在一份不喜欢的工作之中的中年人，现在都是进行职业规划的好时机，只要还没有到安享晚年的地步，任何时候开始职业规划都不为晚。

针对大多数农民工在职业生涯规划方面存在的困难与问题，企业人力资源管理部门有必要提供相关的生涯规划及咨询服务。企业可以邀请资深人力资源专家、高校应用心理学专业教师为农民工开展有针对性的生涯发展讲座、辅导，开展面向农民工的职业心理测评，帮助农民工认识自己的职业兴趣、职业能力与职业性格，认清自己的职业价值观，发掘自我的潜力，结合自身在城市工作的现实条件和自我需求，为自己筹划好未来5年、10年甚至更长远的生涯发展蓝图。

第二节　企业 EAP 与农民工心理健康

除了上节所叙述的农民工职业生涯规划外，针对农民工出现的心理问题，很多企业设置了"员工援助项目"。本节将着重介绍"员工援助项目"。

一、企业 EAP 简介

不少农民工进入城市务工，进入一些企业工作，特别在一些大中型企业，常常会听到企业"EAP 项目"。那么什么是 EAP？它跟我们有什么关系？能给我们带来哪些好处？

EAP 是英语 "*Employee Assistance Programs*" 的简称，翻译过来的意思是"员工援助项目"。它是企业组织为员工设置的一套系统的、长期的心理援助与福利项目，它通过心理学专业人士对组织的诊断、建议和对员工提供的专业指导、培训及多种形式的咨询，帮助员工解决各种心理和行为问题，提高工作效率。EAP 的实施，有助于发现员工的心理问题以及与之相关的组织气氛、企业文化和管理等方面的问题，这对企业的决策、管理、改进和员工开发很有意义。实践证明，EAP 是化解企业潜在风险的润滑剂和保险丝。如果农民工所在的单位有为员工提供 EAP 服务，那一定要抓住这难得的机会，多多参与到项目所组织的活动中，以使心灵经历洗礼，获得成长。

有资料显示，在美国《财富》杂志评选的世界 500 强企业中，有 90% 以上建立了 EAP。美国有将近 1/4 企业的员工享受 EAP 服务。经过几十年发展，EAP 的服务模式和内容包含有：工作压力、心理健康、灾难事件、职业生涯困扰、婚姻家庭问题、健康生活方式、法律纠纷、理财问题、减肥和饮食紊乱等，全方位帮助员工解决个人问题。一般来讲所有企业均需要给员工提供 EAP 服务，但是目前为止在中国仅有极少数企业做到了，而且大多数还是外资企业，如惠普、思科、爱立信、北电网络、可口可乐、杜邦、宝洁和亨斯曼等一大批外商投资企业，尤其是 IT 行业的外企也纷纷开始启动它们在中国境内的 EAP 项目。

二、企业 EAP 与农民工心理健康

实践证明，对员工在心理方面开展良好的教育、疏导和训练，能够提高

员工的意志力、自信心、抗挫折能力和自控能力，还能增强员工的创新意识、贡献意识、集体意识和团队精神，不仅对企业员工有益，而且对企业发展也是十分有利的。开展心理培训已经成为人力资源管理工作的重要组成部分。具体说来，EAP 能在以下几个方面为员工提供服务。

第一，帮助处理那些会对工作业绩产生影响的工作上的或者和个人有关的问题。

第二，提升雇员和管理者在工作中的合作关系，从整体上培育企业文化。

第三，降低管理企业过程中出现意外事件的概率，减轻工作事故带来的负面影响。

第四，采取积极的方法吸引和保留优秀员工，减少员工的抱怨和不满，提升其满意度和幸福感。

第五，帮助解决一些成瘾问题，如网瘾、烟瘾、酒精依赖等。

第六，改善工作条件，改进管理方式，提高员工的士气和积极性，改良企业的管理方法与制度。

第七，为企业提供关心员工的证明。

第八，直通管理层，帮助确认和解决员工的实际问题。

三、EAP 项目的内容与形式

企业为员工提供的 EAP 服务，是包括压力管理、职业心理健康、裁员心理危机、灾难性事件应激处理、职业生涯发展、健康生活方式、家庭问题、情感问题等方面的教育、培训、宣传、辅导、咨询的服务，具体形式如下。

（一）调查、测试与评估

旨在诊断和发现员工心理健康问题及其影响因素，进行专业的员工职业心理健康问题评估，并提出相关的建议和对策，减少或消除不良的影响。

（二）宣传教育

采用图片、卡片、海报、板报专栏、企业心理健康网站、讲座等多种形式宣传心理健康知识，帮助员工正确认识心理健康，增强员工心理健康意识和自我保健意识，鼓励员工遇到心理困扰时积极寻求帮助。

（三）针对性培训

进行培训，让管理者了解并学会使用心理咨询的理论与技巧，预防和解决员工心理问题。对员工开展压力应对、积极情绪、工作与生活协调、自我成长等专题的培训或咨询，帮助员工掌握提高心理素质的基本方法，增强对心理问题的解决能力。

（四）建立员工心理健康档案

对员工进行心理健康测试（采用 SCL‒90、抑郁评定等专业的测试方法），建立心理健康档案，诊断和发现职业心理问题及其有关因素，并提出相应建议，减少或消除组织管理的不良影响。通过心理健康档案有针对性地帮助员工缓解工作压力、改善工作情绪、提高工作积极性、增强员工自信心、迅速适应新的环境等，使企业的人力资源得以充分的开发和利用。

（五）心理咨询与治疗

心理咨询与治疗是 EAP 解决员工心理问题的实施、落实步骤，开展多种形式的员工心理咨询，向受心理问题困扰的员工，提供咨询热线、网上咨询、团体辅导、个人面询等丰富的途径，充分解决员工心理困扰问题，使得员工能够顺利、及时地获得心理咨询及治疗的帮助和服务。

（六）员工家属心理辅导

针对员工个人情感生活和家庭生活存在的问题，开展一系列涉及婚恋、情感、家庭、子女等问题的团体辅导、个体咨询与家庭治疗。解除困扰员工的后顾之忧，增强员工的企业认同感。

第三节　农民工求职与职业心理适应

农民工在求职过程中常常会遇到一些困扰，并产生相应的职业心理压力，针对上述问题，本节将着重介绍农民工在求职中的注意事项及农民工求职常见的心理偏差及调适，以便农民工在遇到此类问题时能做出及时的调整，以防止不良事件的发生。

一、农民工求职注意事项

找工作需要考虑的因素有很多，其实当农民工准备外出打工时，就要周全的考虑了：准备去哪个城市？想去南方还是北方？希望有什么样的气候、饮食等。比如说，一个在南方长大的人也许不习惯北方的天寒地冻；患有风湿性关节炎的人就不宜到空气潮湿的环境里工作。

除此之外，找工作还要注意以下一些具体问题。

（一）理解职业需求

先要了解自己想做的工作是不是已经"人满为患"了。如果有许多人都

理
论
篇

在从事这种工作，在这个行业或职业上劳动力的供给远远大于需求，那么即使费了很大的力气，却也可能会因为竞争激烈得不到这个工作。

（二）注意行业规范

要注意所选的行业有什么规范，因为许多行业有自己的工作习惯、行业用语和一些行业忌讳，不了解这些就可能会影响就业。农民工应该看看自己是否能适应这些行业的特殊规定。

（三）了解创业法规

如果农民工想进城从事个体经营，就必须了解国家的有关规定，懂得如何取得营业资格和营业执照、如何纳税等程序，了解经营范围和经营方式。

（四）自己对工作要有主见

不要根据他人的好恶或评价选择工作，因为每个行业、每个工作的性质各不相同，在人们心目中的地位也不一样，所以在人们心目中就有了高、低、贵、贱之分，但是农民工找工作时还是要有主见，不要轻易受他人对工作评价的影响。俗话说"行行出状元"，无论哪种工作，只要符合自身的条件，那么对自己来说便是好工作。

（五）避免进入找工作的误区

如果农民工存在以下一些思想和行为，则容易导致找工作的失败，应尽量避免进入这些误区。

1. 挑肥拣瘦

有些人找工作时往往处在两难状态，想干的又怕艰苦，不艰苦的工作收入又低。实际上，不可能存在一个既清闲，又收入高，人人都可以做的工作。这是由劳动力市场的供求关系决定的。具有吃苦耐劳的品质是做好任何一项工作的基本条件。我们应该懂得先苦后甜的道理，有从艰苦的、简单的工作做起的心理准备，等有了经验、有了资本，就会有更好的工作。

2. 这山望着那山高

有些人总是觉得别人的工作比自己的好，频繁地换工作，结果知识和技能得不到提高，最终被社会淘汰。找工作要量力而为，从自己能够胜任的工作做起，不能好高骛远，要一步一个脚印地积累知识和技能，因为职业技能的积累在相对稳定的工作环境中更容易进行。

3. 缺乏自信

有些人被自卑心理所笼罩，看不到自己的优点，明明可以做的工作，却因为对自己没有足够的信心，害怕能力不够而不敢去尝试，这样自然就失去了很多工作的机会。

4. 对金钱过分迷恋

赚钱是每个进城务工者最直接的目的。有些不法分子利用这种心理,以高工资、高报酬为诱饵,吸引不知情的人上当,上当者最后非但钱没挣到,自己还被别人利用,甚至走上了犯罪的道路。挣钱要取之有道、合理合法,何况挣钱并不是进城务工的唯一目的,还要考虑自身发展的需要。

二、农民工求职常见的心理偏差及调适

客观说来,农民工朋友进城务工,在找工作这件事情上,既难也不难。难的是,要想找到适合自己的性格、能力、薪资期待,又相对比较稳定的工作。不难的是,城市里机会较多,只要机会适当,个人努力争取,总会有一份工作。这里所要探讨的是,农民工朋友在找工作过程中可能会出现的一些心理偏差。概括起来主要有以下几种表现。

(一)没有心理准备

部分农民工朋友,听说同村或邻村的人在沿海或内地城市打工赚了一大笔钱,便也有了外出打工的计划。于是兴冲冲进城打工,结果在城市里四处碰壁,没能顺利如愿。出现这样的问题,原因是多样的。少数人怕苦怕累,嫌外出打工辛苦是一种情况。更多的是事先没有通盘考虑,对自己能从事什么工作、希望有什么样的收获报酬、能不能长久发展等问题没有深入思考。而对外出打工期望值过高,对各种不利因素和可能的不习惯、不适应的情况没有足够的心理准备,出现期望值和现实落差太大的结果,也是原因之一。最好的调适方法是在务工前就要做好一些事先的准备工作,如预备资金、联系老乡或朋友、了解工作需求、做好打工的职业规划等。

(二)理想和现实的落差

每个人对工作的条件、工资、老板、同事等都有抱有一定的期望,但是这个期望值往往跟现实情况之间会出现落差。这个心理落差的大小取决于人们期望值的高低,期望值越低,失望就越小;反之,失望必定越大。比如有些农民工朋友对吃好、喝好、住好、高工资等都有期望,但在生活习惯不同、生活条件甚为艰苦、工资靠计件获得、人际关系不适应等现实面前,就产生了心理落差。

"外面的世界很精彩,外面的世界很无奈",一旦美好希望和现实之间出现了比较大的落差后,首要的任务是调整自己的状态去适应现实,积极想办法克服困难。我们知道环境不可能为每一个人不同的特点和不同的期望量身打造,只有积极面对,调整心态,缩小期望和现实之间的落差,才是正确的选择。缩小期望和现实的落差,是每一个外出务工的人在找工作和适应职业时不能回避的问题,我们应当调整心态,脚踏实地地面对现实、面对生活。

理论篇

如果依然时时、处处都和想象中的比较，心理上自然有不小的落差，希望就会变成苛求，也调整不好心态，就有可能产生一系列矛盾，滋生出许多牢骚。这样的后果，有违打工的初衷。

（三）固执心理

"我一定要在某地到那家单位工作！""除了某某公司，除了某某岗位、除了某某职业，我肯定不到其他的地方去找工作"……部分农民工朋友把择业目标定在一个地方，不但期望值比较高，而且对某行业的看法也相对比较固执，不愿意随着条件和环境的变化而调整，如果不能如愿，他就会感到沮丧，感到受挫。若是出现了这种心态，就需要问问你自己：它是你唯一的选择吗？此外，你就没有别的预备方案吗？它符合你的职业生涯规划吗？若是出现了意外，你有变通之策吗？要好好分析自己，分析现实，以便更好地落实工作。

（四）将就心理

农民工往往通过劳务市场来找工作，很多时候是通过老乡、同伴或朋友介绍。大多数农民工对工作环境、工作条件和薪资报酬等要求不高，生怕自己不符合企业的要求而落选，因而没有详细了解企业的情况、工作条件、要求等，也没有签订劳动合同，就草率决定上班。到后来，由于保障没有到位，出现被拖欠工资等不良后果。合适的建议是找工作要定位准确，多多了解目标单位的情况，仔细分析自己与工作单位的匹配情况，出现问题时及时寻求社会和法律帮助。在农民工找工作过程中，还有攀比、嫉妒、高不成低不就、观望等待等心理，这需要农民工清晰认识，及时调整。

三、农民工更换工作后的心态调整

在外打工或许会经常在各种工作之间流动，不少人曾有过更换工作的经历。有些人是通过自己不断的努力，获得了一份比原来更好的工作，终于得偿所愿，自然是喜上眉梢；有些则是被动更换的，难免心中多有不悦；有的则是在原有的工作岗位上无法继续工作下去，主动或被动离职的。实际上，无论哪一种方式上的工作变动，都会给我们的身心带来一定的影响。

离开原来的工作岗位，需要我们继续寻找新的工作。但是，如果我们想在新的工作岗位上表现突出，一般都要经历一段适应的时间。有些人就是因为适应不好而导致日后的工作难以很好地完成，甚至出现明显的情绪反应乃至身心疾病。那么，如何又好又快地调适自己的心态呢？

（一）注意心态的调整，给自己一个良好的定位

第一，对于"高升"，尽管对新工作比较满意，或自认为今后会如鱼得水，但千万不要忘了，"尺有所短，寸有所长"，相比你的前任，你只不过是一个初学者。即使你在原来的岗位上做得再好，却不一定在新的岗位上同样能做好。有时候也许只是一个不起眼的细节，就可能会使你的努力付诸东流。最初的期望值不可太高，虚荣心不能太强，不要因小失大。要知道一个人有所擅长并不代表什么都会做。

第二，对于"遭贬"或被动离职（被辞退），也不要自暴自弃，更不能听天由命，做一天和尚撞一天钟，或破罐子破摔，消极对待。要充分了解自己，并对自己的能力做出恰当的评价；要在充分吸取教训的基础上，主动获得同事和领导的赞赏。美国著名的人际关系大师戴尔·卡耐基曾经说过："你若不能做一条大路，那就做一条小径；你若不能做太阳，那就做星星。不能以大小决定你的输赢，但要做，就做最好的你。"这句话告诉我们，无论是多么微不足道的岗位，每个人都要在一个适合自己的岗位上，尽量发挥自己的最佳水平，然后再谋求进一步的发展。

（二）适应新的人际关系

来到新的工作岗位，意味着每个人都要面对新的工作环境和新的人际关系。社会性是人类很重要的一个特征，人不可能离开别人而独立地发展，正所谓"孤掌难鸣"，公司的正常运转离不开全体员工的精诚合作，所以，个人需要融入企业的人际关系圈中。如果农民工不能很好地处理新的工作人际关系，则很有可能会影响到农民工今后的事业成功。俗话说"入乡随俗"，适应新的岗位，更重要的是适应环境的变化。如果缺乏这种适应能力，那农民工在生活和工作中就可能会碰壁。法国的哲学家有一个有趣而形象的说法："穿着你所在地的衣服，带着你将要去的地方的衣服。"也就是说，一个人到了一个新的环境，应该主动去适应当地的风俗习惯，才比较容易被大家接受。

（三）积极参加培训和学习，争取在工作中可以独当一面

工作中，一部分人更换工作的原因，是因为他的知识和技能等已经不能满足原有工作的需要了。现代科技飞速发展，在竞争日益激烈的市场条件下，企业（特别是一些技术密集型的企业）对个人的专业技能掌握程度有了更高的要求。一个人如果不能很好地掌握和发挥自己的专业技能，或者原有的知识和技能已经陈旧了，很可能就会落伍，从而失去自己原本很好的职位。一份以现代企业管理为主题的调查显示，65% 的机构缺乏称职的员工，这将阻碍机构在未来的发展，而许多单位也已开始注重员工的培训和学习。不管是老板还是员工，要想在竞争中保持优势，那么积极参加培训和学习，更新知识，不失为一种对未来的投资，而树立一种乐于学习和善于学习的新观念是非常有意义的，这将对今后的工作和发展起到巨大的作用。

理
论
篇

第四章　人际交往与农民工心理融合

第一节　农民工的人际交往及常见误区

正如上一章所说的，社会性是人类很重要的一个特征，人不可能离开别人而独立地发展，农民工也不例外。人际交往是每个人不可回避的问题，对于农民工，人际交往尤为重要。具有良好的人际关系可以缓解农民工因为远离家乡、远离亲人孤苦无依所带来的无助、无奈之感。

一、影响农民工人际交往的心理因素

良好的心理素质是人们进行广泛社交活动的必要条件。相反，如果心理状态不佳，就会形成某些隔膜和屏障，在一定程度上阻碍了人们结交朋友和适应社会。对农民工朋友来说，虽然只是外出打工，但还是希望能交到真正的朋友，希望在外的生活能更加丰富多彩。但是有些问题心理，阻碍了我们与别人的良好交往。每个人都要认识这些心理偏差，并学会克服这些问题心理所带来的不良影响。

（一）自私心理

处处以自我为中心，只讲索取，不讲奉献，争名夺利，甚至损人利己。这种心理对于建立良好的人际关系危害极大，它时时处处会伤害到别人，有这种心理的人是很难交到真正的朋友的。

（二）自傲心理

处处唯我独尊，"老子天下第一"，趾高气扬，轻视别人，甚至贬低别

人、嘲笑别人，听不进别人的意见。这种心理对于交际同样危害极大，没有人愿意和目中无人的人友好相处。

（三）猜疑心理

有猜疑心理的人，往往爱用不信任的眼光去审视对方和看待外界事物，每每看到别人议论什么，就认为人家是在讲自己的坏话。惯于猜疑的人，大多心胸狭窄，而且常常会捕风捉影，节外生枝，说三道四，挑起事端，其结果只能是自寻烦恼，得不到别人的支持，害人害己。

（四）逆反心理

有些人总爱与人抬杠，以此表明自己的标新立异。对任何事情，不管是非曲直，你说好他偏说坏，你说一他偏说二，你说辣椒很辣，他偏说不辣。逆反心理容易模糊是非曲直的严格界限，常使人感到反感和厌恶。

（五）"排他"心理

在工作中人们常常需要更新自己的知识、经验以及思维方式等，否则就会失去活力，甚至产生负效应。排他心理恰好忽视了这一点，它表现为守旧死板，拒绝拓展思维，促使人们只在自我封闭的狭小空间内兜圈子。

（六）作秀心理

有的人把交朋友当作是逢场作戏，往往朝三暮四，见异思迁，而且喜欢吹嘘，没有实质性的举动。这种人与人之间的交往方式只是在做表面文章，因而常常换不来真正的友谊。

（七）"互利"心理

有一些人认为交朋友的目的就是为了"互相利用"，因此他们只结交对自己有用、能给自己带来好处的人，但是一旦获得利益之后就"过河拆桥"。这种人际交往中的占便宜心理，会使自己的人格受到损害，久而久之就会失去知心朋友。

（八）冷漠心理

有些人对与自己无关的人和事一概冷漠对待，甚至错误地认为言语尖刻、态度孤傲、高视阔步，就是自己的"个性"，致使别人不敢接近自己，从而也不能交到较多的好朋友。

（九）嫉妒心理

嫉妒就像一条毒蛇，给良好的人际关系带来巨大的伤害。有的人嫉妒心理较强，看到别人成功，不是为他们高兴，而是横生嫉妒。相反，当看到别人受挫时，往往幸灾乐祸。这种人不但给自己背上沉重的心理包袱，还会令人反感，导致别人不愿与之交往。

（十）自卑心理

有些人容易产生自卑感，甚至瞧不起自己，盯着自己的缺点和问题，而忽略了自己的长处和优势，甘居人下，缺乏应有的自信心，不敢表现自己，实际上这就是自卑心理。有自卑感的人，做事无胆量，习惯于随声附和，没有自己的主见。由于种种原因，农民工朋友中有自卑倾向的人相对较多，如果不改变这种心态，久而久之，就有可能逐渐磨损人的胆识、魄力和独特个性，会阻碍自己计划与理想的实现。

二、农民工人际交往常见的误区

有些农民工，在经历一年的辛勤劳作之后，经济收入不是很多，反而是收获了太多的不满；老板不能发现自己的优点，与同事又难以相处；自己工作勤恳，做的业绩也不错，但工资却比那些偷懒的人少；升职加薪也没有自己的份等。问题出现在哪里呢？据人力资源专家分析，个人的发展遭受阻碍，并不完全因为工作能力，也可能是在人际关系上不慎踏入了一些误区。

（一）工作中常见的人际交往误区

1. 坚持原则，非黑即白

每个人做事都有自己的风格，有些人做事有自己的原则，是非对错皆有定论。然而，现实生活中，许多事情不像考试那样设有标准答案，很多事情并非像我们所认定的那样，如果我们执意用自己的原则、标准来评判别人的事情做得好坏或成功与否，别人未必会同意和接受。这种捍卫信念、坚持原则的做法，就是非黑即白的原则误区。

2. 想说就说，快意恩仇

这种人一般来说都是没有什么心机的好人，不分场合，心里有什么就说什么，直来直往。但是有些时候，善意若不能得到好的表达，便会通往地狱之门。在各种工作场合，在讲究组织层级的企业，这种管不住嘴巴的人，容易断送他们的职业生涯。要知道，有些话可以公开谈，而有些话只能私下说。

3. 我有性格，我行我素

每个人都有自己的性格，有些人喜欢很快表明自己立场，然后绝不动摇，他们还认为妥协是一种屈辱。而且，他们喜欢引人注意，如果没有人注意到他们，他们可能会变本加厉，直到有人注意为止。在美国篮球职业联赛（NBA）中，不少篮球明星都具有自己独特的性格，不管他们怎样都有人追捧。但是在职场，一个普通的员工或管理者我行我素、自以为是，却不是一种恰当的做法。过分地体现自己的性格会导致人际关系的冷淡，更有甚者会就此断送自己美好的职业生涯。

4. "人挡杀人，佛挡杀佛"

这种人一般会是男性，"人挡杀人，佛挡杀佛"是他们共有的性格。他们言行强硬，对事对人都不留情面，就像一台推土机，凡阻挡去路者，一律铲平。虽然，这种凡事先发制人的人，在事业的初始阶段可能会取得一些成效，但是由于他们攻击性过强，不懂得绕道的技巧，最终可能会失去人心。俗话说，"得民心者，得天下"，如果没有了民心，失去的可不仅仅是眼前的利益了，个人的事业发展也将受到很大制约。

（二）工作中人际交往误区的应对建议

如果农民工在上面的这四种误区里找到了自己的影子，那么一定得注意自己的人际关系状况，是时候改变一下自己了。

1. 反思一下自己的处事原则

虽然有些做法可能是对的，但却未必是恰当的。每个人都有自己的想法，不要期盼所有的事情都会按照你设定的规则进行。相反，你需要时时为可能产生的错误做准备，不断地改变和调整自己在工作中的行为准则。

2. 管好自己的嘴巴

直言不讳固然是良好的品德，但职场之中出言谨慎更为重要，工作中的机密更是应该守口如瓶。总之，不同的场合，要有不同的语言；不同的时机，要有不同的说话原则。所以，必须随时为自己树立警告标示，提醒自己什么可以说，什么不能说。

3. 克服自己的性格缺陷

事事要以大局为重，亮出自己观点的同时更要注意周围人的想法。要知道，职场从来就不是一个人的舞台，"没有永远的主角，也没有永远的观众"。

4. 要学会控制自己的情绪

"你希望别人怎么对待你，你就要怎么对待别人"，这是人际交往的"黄金法则"。情绪会影响和决定一个人的交际态度和处世方法，并会进而影响到整个交际的结果，它在人际交往当中起到了决定性的作用。学会调控和利用它，将会有意想不到的收获。

第二节 农民工职场人际关系之与同事相处

在同一单位工作的人，即同事。同事是除了家庭成员之外最重要的人际关系，在工作中与同事处理好人际关系尤为重要。本节主要介绍如何与同事和谐相处。

一、职场人际关系

人际关系是个人职业生涯发展过程中的一个非常重要的课题，无论对于公务员、事业单位工作人员、企业的管理者，还是对于普通的农民工人来说，良好的人际关系都是个人舒心工作、安心生活的基本要求。如今的社会竞争主要还是要靠人际交往而建立起来的人际关系。那么，农民工如何处理好工作上的人际关系呢？

（一）尊重领导上司

任何一个领导（总经理、项目经理、业务主管等），坐到这个职位上，多少都有一些过人之处。他们丰富的工作经验和待人处世的方略，都是值得其他员工学习、借鉴的，我们应该尊重他们精彩的过去和骄人的业绩。

（二）理解和支持同事

在企业（公司）里上班，特别是和同一个车间、办公室或部门的同事相处得久了，对彼此的兴趣爱好、生活状态，都有了一定的了解，这样的人际交往就有一定的情感基础。作为同事，我们没有理由苛求别人为自己尽忠效力，但在发生误解和争执的时候，一定要转换角度，尝试站在对方的立场上想想，理解一下人家的处境。不可以情绪化处事，也不要在背后议论或指桑骂槐，这会在贬低对方的过程中破坏自己的形象，而受到身边共事的人的抵触。

（三）多帮助下属、聆听下属的声音

在城市里生活，在职场里打拼，有些农民工除了经济上的收入外，也会在工作上得到升迁，或者升任领班、班组长，或者成为部门经理、主管，甚至达到更高层级。职位变化后，工作上的人际关系也会有所改变。实际上，在工作方面，只有职位上的差异，而在人格上每个人都是平等的，没有高低

贵贱之分。在员工及下属面前，我们只是一个领头或带班而已，没有什么了不得的荣耀和得意之处。帮助下属，其实是帮助自己，因为员工们的积极性发挥得越好，工作就会完成得越出色，也让你自己获得了更多的尊重，树立了开明的形象。多多聆听来自下属的声音，也可以帮助自己做好决策。

（四）善交际，勤与朋友联络

在竞争日益激烈的现代社会，一个人很少会在同一个单位干到退休，所以多交一些朋友很有必要，就像那句俗语"朋友多了路好走"。因此，空闲的时候给朋友打个电话、发条短信、写写电子邮件，哪怕只是只言片语，朋友们都会心存感激，这比在朋友面前豪言壮语要更有意义。无论你的朋友是来自家乡的，或是新进入城市才认识的，或是在旅途中才结识的，还是在进入公司后慢慢认识的，只要你愿意，大多数人都能对你敞开怀抱。对大多数农民工来说，在异地他乡，拥有几个能深入交谈人生理想、能彼此照应、能相互赏识、能相互理解的朋友，是相当有意义的。

（五）微笑面对竞争对手

在我们的工作生活中，处处都有竞争对手。许多人对竞争者四处设防，更有甚者，还会在背后冷不防地"插一刀，踩一脚"。这种做法只会拉大彼此间的距离，制造不和谐的氛围，对工作是百害无一益的。其实，在一个整体里，每个人的工作都很重要，任何人都有可爱的闪光之处。当超越对手时，没必要看不起他人，别人也在寻求上进；当别人位居自己之上时，也不必存心添乱找碴，因为工作是大家团结一致、共同努力的结果。无论对手如何使自己难堪，都要轻轻地露齿微笑，静下心来把手中的事情做好。说不定他仍在原地生气，而自己已出色地完成了工作。露齿一笑，既有大度开明的宽容风范，又有一个豁达的好心情，说不定对手早已在心里向你"投降"了。

二、与同事和谐相处

同事之间最容易形成各种复杂且微妙的关系，如果对一些小事不能正确对待，就容易形成沟壑。日常交往中注意把握以下几个方面，或许会有助于农民工与同事建立和谐、融洽的关系。

（一）大局为重，多补台少拆台

同事之间是由于工作关系而走到一起的，所以要有集体意识，以大局为重。对于同事的缺点，可以在平日里当面指出，千万不能在与外单位人员接触时，对同事品头论足、挑毛病，甚至恶意攻击，否则会影响同事的外在形

理
论
篇

象，长久下去，对自身的形象塑造也不利。平时工作要有团队的观念，多补台少拆台，记住这样一个忠告：尽量不要在别人面前讲第三个人的坏话，但可以在别人面前多多赞扬第三个人。

（二）面对分歧，要求大同存小异

同事之间由于经历、立场等方面存在不同，对同一个问题，往往会有不同的看法，从而引起一些争论，一不小心就容易伤和气。因此，与同事的意见产生分歧时，不要过度争论。客观上，一个人接受别人的观点需要一个过程；主观上，每个人都有"好面子"的心理，彼此之间谁也难以服谁，如果在问题没有明晰之前就激烈争论，则容易激化矛盾而影响团结。虽然说不要过度争论，但是在涉及原则问题时，还是要坚持原则，面对问题，特别是在发生分歧时要努力寻找共同点，争取求大同存小异。实在不能一致时，可以冷处理，让争议淡化、小化，冷静了再重新对待、处理。

（三）以平常心对待同事的升迁与别人的功名

许多人与同事交往时，平日里一团和气，然而一遇到利益之争，就当"利"不让，有的还会在背后互相攻击、互相拆台，或者嫉妒心发作，说风凉话。这些做法既不光明正大，又对己对人都不好，因此对待别人的升迁和功名要时刻保持一颗平常心。

（四）与同事、领导交往时，保持适当距离

在一个单位里，如果几个人交往过于频繁，容易在企业里形成非正式的个人小团体，容易让别的同事产生猜忌心理，让人产生"是不是他们又在谈论别人是非"的想法。因此，在与领导、同事交往时，要保持适当距离，避免形成小圈子。

（五）要宽容忍让，学会道歉

同事之间交往出现一些磕磕碰碰是难免的，如果不及时妥善处理，就会变成大矛盾。俗话讲"冤家宜解不宜结"，与同事产生矛盾时，如果每个人都能主动忍让，从自身找原因，多为他人着想，矛盾便会被遏制而不会被激化。面对矛盾，要理性分析，要放下面子，学会道歉，以诚心感人。"忍一时风平浪静，退一步海阔天空"，如有一方主动打破僵局，就会发现彼此之间其实并没有什么大不了的隔阂。

第三节　农民工职场人际关系之与领导相处

在与同事友好相处的同时，也要处理好与领导的关系。很多农民工反映："我的能力不错，做事认真、负责，可是为什么加薪升职这样的好事总是轮不到我呢？"如果农民工在工作中遇到类似的困扰就要好好反思自己与领导的相处模式了。与领导处理好人际关系，不仅有利于创造愉快的工作环境，还有利于自己的职业发展，有利于实现自己在工作上的抱负。

一、合理处理与上级领导的关系

每个人的学识、修养、经历、地位各不相同，因而有平凡与尊贵之分，这是人际关系的层次差别，也是一种自然秩序。在企业里，会有许多"上级"领导、"平级"同事或"下级"员工，这就需要我们学会与不同层次的人交往的艺术。而上级是个相对"尊贵"的概念，上级虽然与我们不属同一层次的交往类别，存在着一定的沟通障碍，但我们却可以打破障碍与之正常交往，乃至发展友情。那么怎样与上级领导交往呢？

（一）讲究礼仪，尊重为先

中国是个礼仪之邦，领导者出于管理心理，一般较为看重自己的身份和威信，所以言语文明、行为有礼，会给领导留下一个较好的印象。无论在私底下与领导是多好的朋友，在工作场合说话与办事都要掌握分寸，随时把他当作领导对待，保持他的权威感；更不要当着其他员工的面讨论你们的私事，或者勾肩搭背；千万不可恃才傲物、自高自大、目空一切，对领导应表示适当的关心。在领导面前不能得意忘形、忘乎所以，言谈举止都要严谨适宜，把握分寸、注重距离，这样才能得到领导的赏识，得到上级的提拔，从而晋职加薪。

（二）不要奉承，要不卑不亢

尊重是有原则的。如果不顾原则，另有目的，人格沦丧，不知廉耻，对上级就会表现出阿谀奉承来。这表面上看似是尊重对方，其实它与尊重有本质的不同。阿谀奉承、虚情假意、夸大其词、别有用心，只能让人觉得反感、嫌恶和痛恨。本来可以继续交往，但却因双方没有真诚的基础而无法继续下去。

理
论
篇

（三）态度要自然，不必拘谨

领导的阅历、学识都高农民工一筹，常令人肃然起敬，与他们交往，甚至会有一种威压感。农民工作为平常人，尤其是未见过世面的打工青年，在面对领导时，往往不知所措。其实上级领导也不过是平等的交往对象，上级领导与农民工之间的关系也是一种自然的交往关系。一方面要尊重对方，另一方面也要立足于自己，守住方寸，保持本色，自然而正常地交往，不必拘谨。这反倒能显示出自己的交际魅力，赢得对方的认可和尊重，尊贵者也会乐意与农民工发展友情。如果农民工太拘谨了，总是表现出窝窝囊囊、畏畏缩缩的样子，会让别人大失所望，上级领导也不会对其有所欣赏。

（四）做好配角，不可狂妄

从交往的过程来说，上级领导是交际的主角，而我们则是配角，处于次要地位。这是人际交往的现状，也是交际的规律，是由彼此交往身份和交际能量决定的。我们要积极支持领导，热情配合他们，服从安排，听候调遣。这是合乎交际现实的，不仅不会损害自己的"价值"，反而会取得尊贵者的信任。如果不能摆正这层关系，不恰当地显示自己的能耐，显摆自己的才华，以致背弃、排挤尊贵者，这往往会适得其反。

（五）主动真诚，放低姿态

上级领导的行为是要与自己身份、地位保持一致的。作为平常人，身份在下，要主动积极，充满真诚，先迈出一步，做出友好的姿态，这是尊长敬上的美德，也是交际的惯例。农民工可以做一些事情引起领导的注意，但要顺其自然，低调行事，这样终会得到领导的赏识。

（六）求助求教，接受呵护

上级领导是力量的象征，在他们面前，农民工显得很弱小稚嫩，所以要接受并求得呵护。一方面是因为农民工与领导交往所寻求和迫切需要得到的东西；另一方面是因为作为上级领导，他们也会从中获得施予和扶持之乐，是一种自我价值的实现。寻找呵护，一要尊重上级领导的意愿；二要适度得宜。这包括恰当的求助及一定程度上的求教。

二、调整心态，正确对待领导的批评

多数农民工朋友在城市里务工，是作为普通员工的身份出现的，因此，工作中出现差错而被上级领导批评是常有的事。批评对了，也有满腹的委屈，很难接受；批评错了，更是敢怒不敢言，只有压抑自己。

有些人能够通过提高思想认识来振作精神，积极地自我调适，重新起步，以努力工作来弥补过失。但是另有一些性格内向、自尊心过强、敏感多疑、对挫折耐受力低的人，会把问题看得过于严重，担心别人会看不起自己，担心领导会用"有色眼镜"来看待自己，觉得前途无望，从此一蹶不振。如果属于后一种类型，可以尝试着从以下几个方面调整心态。

（一）站在领导的角度看待批评

在企业（公司）里领导对下属有着约定俗成的监督、管理和指导等权力。当下属出现与企业的利益相背离，或不协调、有误差的行为时，领导有责任对其进行批评指正，这是肯定的、必需的，如果任凭下属继续错下去而不加干涉，那就是领导的失职。他们就会因此而受到更上一级领导的批评、惩处。所以说，领导是在履行职责，对事不对人。作为下属应当具有这种起码的组织观念，被批评时不应有领导故意找自己的碴，跟自己过不去的想法。这种想法不但对改正错误无益，还会形成抵触情绪，影响自己与上级的正常工作关系和同事感情。

（二）争取领导的谅解和帮助

只要农民工把批评看作是对自己的关怀和提醒，主动与领导和同事们交流思想，向他们征求意见，就会使他们尽快地改变对自己的看法，重塑自己在他们心目中的形象。把过失作为一次接受教训、磨炼意志的机会，勇敢地面对它，深刻地反省自己，重新振作起来，力争做一个生活中的强者。

（三）知错就改，转机就会来

从错误、失败中吸取教训，及时改正，这样会很快得到领导的谅解和尊重，以及同事的赞许。据心理学家的观察发现，当人们看到犯了错误的人痛心疾首、懊悔自责的态度，并且竭尽全力去改正时，大都会因此而生恻隐之心，减轻对其错误的谴责和反感心理，同时还会给予热情的关注和由衷的帮助。这样也许会成为农民工人生转折的一个契机。

（四）不要过于计较领导的批评方式

无论是公司里的高层领导、中层干部，还是车间、班组的负责人，每个领导的工作方法、修养水平、情感特征都是各不相同的，对同一个问题的批评方式就会表现出明显的差异。和风细雨式的批评好接受，而疾风骤雨式的批评就让人难以忍受。然而，作为下级，不可能去左右上级的态度和做法。应当认识到，只要上级的出发点是好的，是为了工作，为了大局，为了避免不良影响或以免造成更大的损失，哪怕是态度生硬一些，言辞过激一些，方式欠妥一些，作为下级的农民工也要适当给予体谅和理解。

理论篇

（五）不要急于推卸责任，否则可能适得其反

可以说，任何教训、指责都会让人觉得伤了自尊而处于自我防卫状态，会激起被批评者极大的反感，促使他竭力为自己辩解。在挨批时想要为自己辩解是人之常情，但一开始就急于为自己辩白、解脱，结果会适得其反，给人以避重就轻、逃避责任的印象。恰当的做法是接受批评，积极着手解决所造成的不良后果，并认真配合上级的调查，逐步搞清真相。这样，什么责任该你承担，什么责任该他人承担，什么是不可避免的客观因素，终会有个公正的结论。

第四节 农民工与城市居民的人际交往

农民工在工作中要处理好与同事和领导的关系，除此之外，在生活中与城市居民接触时也要处理好与城市居民的关系。农民工的加入，会给城市居民带来交通拥挤、资源减少、就业机会减少等问题，部分城市居民对农民工带有敌意，甚至歧视农民工。本节主要介绍农民工应该如何应对来自城市居民的歧视。

一、城市居民歧视农民工的主要表现

大多数农民工在城里务工时都曾经遭遇过各种各样的偏见或歧视，这种不公正对待，给农民工的身心留下了阴影，而多次遭遇，就会影响到心理健康。

歧视通常是指不公平的对待，即一定的社会集团或群体，为维护自己的利益，使自己与某一（或某些）特定的社会集团或群体保持严格界限，而采取的一种手段，是一种不良的社会风气。

（一）工资歧视

所谓工资歧视，就是指给予具有相同生产能力的工人不同的劳动报酬，具体表现为同工不同酬、故意克扣或拖欠农民工的工资。据有关部门统计，全国 23 个外来务工人员较多的省份，所查处的一年内拖欠农民工工资违法案件就有二万余件，涉及上千万人，追讨拖欠农民工工资达数亿元。企业克扣、拖欠农民工工资问题已成为当前影响社会稳定的一个因素。

（二）雇佣歧视

我国的农民工就业非常不稳定，也不合理。目前，我国的城市普遍设有两个劳动力市场：一个是收入高、环境好、待遇好、福利优越的劳动力市场，即属于城市人的劳动力市场；另一个是收入低、工作环境差、待遇差、福利低的劳动力市场，即属于农民工的市场。这种划分使得农民工就业受到歧视，无法取得与城市人同等的劳动资格。

（三）基本的人权歧视

有些企业安全保护设施不全，但却安排农民工上岗，严重侵犯了农民工的安全保障权。还有些企业对农民工进城务工要求多，证件要求也多，企业扣押身份证、限制人身自由的事件时有发生，严重侵犯了公民基本的人身权利和人格尊严。除此之外，农民工子女入学难也违反了《中华人民共和国义务教育法》，侵犯了公民的受教育权利。

（四）居民的心理歧视

广大农民工普遍接受教育程度较低，收入也较低，但工作较为劳累、辛苦，因而其外在形象也相对较为邋遢、落魄，如此则引来了城市居民的瞧不起、辱骂、虐待等歧视，严重的甚至受到了人格侮辱。

二、合理应对城市居民的歧视（或偏见）

（一）改良自我的形象

不可否认，确实存在部分农民工个人形象不佳、个人修养欠缺、个人行为不端、不修边幅、不讲卫生等事实。心理学研究发现，人们与他人相处时，会自然出现"晕轮效应"，即从一个人的言行举止、外貌、衣着等出发，连带来判断一个人的品行、人格。如果农民工自身形象不佳，就容易导致别人出现认识上的偏差，因而产生情感上的差别对待。所以，要想改变别人的不公正眼光，农民工首先自己要寻求改变，如果能多多注意自己的言行、衣着，能自觉遵守社会公德和秩序，讲究卫生等，来自他人的歧视，也会因此而减少许多。

（二）提高自身的竞争能力

与改良自我的形象相类似，广大农民工也要寻求在自我的能力、素质、学识、修养等方面有所提升。不去招惹别人，不要寻衅滋事，认真做好自己的事。只要自己的事情办好了，自己的能力和地位提高了，自己做得足够好了，他人的尊重自然就会产生了，歧视也就慢慢消除了。

理论篇

（三）宽容对待

偏见或歧视的存在总是错误的，但又是不可避免的，很多时候歧视发生在我们身上，也是无法阻挡的。世界上的仇恨大都源自以暴制暴，以恶对恶。一个心胸宽广的人能学会客观地分析问题，用自我的力量来剖析自己，用理性来对待他人。同时，也要看到，有时候外界的歧视也会产生积极作用，它能催人知耻、助人奋进。历史上凡是有所成就、真正厉害的人（比如唐太宗李世民、康熙皇帝等），能忍常人之不能忍，能暂时委屈自己，成全他人。以宽广的心胸去忽视或漠视那些不正确的偏见，这是个人修养的表现，是自我成熟的标志，能做到的人定能大有成就。

（四）合理宣泄

碰到歧视，谁都会感到委屈、痛苦、抑郁和气愤，如果歧视出现的次数多了，这些负面情绪会积压在心里，产生巨大的负面影响，时间长了，甚至会导致人们失去理智的控制，做出一些出格的事情来。因此，如果遇到的歧视是个人能够容忍的，从保证心理健康的角度出发，要想办法宣泄，尽快处理掉。常见的宣泄方法有：找个朋友倾诉内心的不满，通过运动（如跑步、爬山、打球等）发泄内心的痛苦，在空旷的地方大声喊叫，高声唱歌，找个没有人的地方哭泣；在要好的朋友面前哭泣等。

当然，期望全社会消除对农民工的歧视，绝不是一朝一夕能完成和实现的，需要全社会长期的努力，也需要农民工自身付出心灵努力。

三、与城里人友好相处的建议

"城里人冷漠，没有人情味，瞧不起我们"，这是一些外出务工的农民工对城里人的印象与评价。很多人觉得城里人难相处，实际情况并非如此。那么如何与城里人友好相处，提高农民工的社会适应能力呢？

（一）入乡随俗，了解当地的社会规范和生活习惯

所谓"入乡随俗"，就是人到了一个新的地方，要顺应当地的风俗习惯和遵守当地的社会规范。感觉城里人对外来务工者的态度不够友好，可能是一种事实，也可能仅仅是农民工的一种主观感受，也有可能是因为农民工的行为不符合当地的社会规范，从而与城市居民不能相融造成的。因此，了解城镇的社会规范和生活习惯，并且遵守这些规范，这是让城里人接纳农民工并与农民工融洽相处的重要基础。

（二）摆正心态，改变认识

每当到了一个陌生的地方，要想与当地人相处融洽，关键是自己要摆正

自己的心态。很多农民工进城之后一直有一种强烈的自卑心理，或者不平衡的心态。如果自己看不起自己，那么别人的关心都会被看成是对自己的怜悯；别人善意的批评就会被看成是恶意的欺负。因此，通过学习新的知识、树立新的观念，来改变自己对城里人的认识，就显得非常有意义了。

（三）树立自信，平等交往

每个生命都是平等的，农民工要学习与城里人平等交往，必须先树立起自信心。要挖掘自己的优势，肯定自己的能力，提升自己的水平，获得平等交往的底气。实际上，我们每一个人都有自己的优势和劣势，农民工从农村走进城镇，能够找到一份工作，凭自己的智慧和力气生活，没有什么可自卑的。农民工在城镇里工作，属于城镇的建设者之一，因此，不会被城市居民瞧不起。这样，农民工有了自信心，就有了平和的心态，即使别人对自己有一些偏见，农民工也不在乎。

（四）友好沟通，坦诚相待

不要拒绝与城里人沟通，也不要排斥讲普通话。因为普通话是最方便交流和沟通的语言，什么地方的人都可以听懂，不要因为害羞等原因不讲普通话。一味坚持讲家乡话，不但不利于交朋友，也不利于和别人沟通学习。在工作和生活中要大胆而坦诚地对待同事、领导、房东和周围的其他人，他人遇到困难，要热情帮助，做一些力所能及的事情，同时要学习一些礼节和卫生习惯，通情达理，努力追求上进。

总之，与城里人相处交往，不要拒绝沟通和学习，牢记自己的不足并逐步改正，还要注意发挥自己的优势，增强自信心，坚信通过自己的努力可以使自己的生活变得更好。

第五节　人际交往中的心理融合

在人际交往中，被误解是一种常见的困扰，本节为农民工指出一些被误解后调节心理的小技巧。此外，针对农民工群体中常见的社交恐惧症，本节也提出一些具体解决措施。

一、被人误解后的心态调适

被人误解是一件令人苦恼的事情。被人误解，可能会遭到冷遇、可能要忍受白眼、可能被人背后议论，谣言和指责可能会一传十、十传百，漫天飞舞。人与人之间、心灵之间筑起高墙，不利于开展工作，也不能顺利学习和生活。农民工是否曾有被人误解的经历？是否也曾为别人误解自己而感到伤心、委屈？可以说，日常生活中，被人误解是一件常见的事情。在外务工，与同事、工友、领导、朋友打交道，难免碰到被人误解的情况，那么该如何调整好自己的心态呢？

（一）思想上认定"清者自清，浊者自浊"

在现实生活中，人与人相处的时候，误解常常会给人们带来痛苦和伤害，所以农民工也不能随随便便地误解别人，特别是每个人的成长经历都有差异，每个人在外务工，都有自己的现实问题，一定要了解情况后再下结论。生活是美好的，偶尔会出现不愉快的小插曲，但不要让小小的不愉快干扰了全部的生活。不过问题总要解决的，只要农民工肯想肯做，还是能化解生活中所碰到的症结与问题，让误会更少一些，快乐更多一些。

（二）情感上"冤家宜解不宜结"

关于误解，不仅平凡普通人会常常遇到，就连伟人也无法逃避。伟大的革命导师马克思和恩格斯是志同道合的朋友、亲密无间的战友，他们之间也曾发生过误解。那一次，恩格斯的夫人去世了，他十分悲痛，就给他的好朋友马克思写了一封信告知了此事。当时，马克思正忙于理论研究，没有注意到，在回信时也没有谈到这件事。处于痛失爱妻的伤心深谷之中的恩格斯，渴望得到挚友的安慰和理解，而马克思的忽视却重重地伤害了他的心。他生气了，有一段时间都不再给马克思去信。马克思却十分纳闷，便写信询问老朋友。恩格斯说明了情况，马克思才意识到自己的失误，连忙写信道歉。于是误解消除了，两人和好如初，继续共同携手为革命事业奋斗。这个故事启示我们：误解是可以消除的，关键要看我们怎么做。

一个人被别人误解，开始的时候心情总是很苦闷、很无奈、很焦急的，此时，最需要的是冷静。冷静地想一想误解你的人在态度上的变化，农民工要带着公正的态度去思考，不要轻易否定别人。更重要的是要冷静地思考自己为什么会被人误解以及误解的起因、经过等，找到了根源，才好对症下药，取得沟通。如果陷于"哑巴吃黄连——有苦说不清"或"跳到黄河也洗不清"的深渊，想要自拔、重新振作就难了。

（三）行为上求助身边的人

俗话说"旁观者清"，局内人想问题、看事情难免带有个人观点，比较片面。被人误解的时候，我们可以找自己的知心朋友，或者和本事件没有瓜葛的局外人来谈谈他们的感受，倾听他们对你的理解和认识，听听他们的意见和看法，然后冷静地分析他们的观点，采纳他们合理的建议。

（四）寻找消解误解的具体方法

第一，要有宽广的胸怀，懂得体谅、包容他人，包容别人的怠慢和苛责，同时，宽容也是自信的表现。

第二，要根据实际情况选择恰当的方法。例如，如果你是被友人误解了，则可以找他（或她）坦诚地谈谈，解除隔阂，或者写一张字条，进行解释；如果你被亲人误解了，则多给他们以关心和爱护；如果你被众人误解了，众口难辩，那么请用自己的实际行动证明自己，并持之以恒，误会自然会消除，大家依然会理解信任你。

第三，在争取被人理解的同时，请记得努力理解别人。理解是心灵之间的桥梁。

（五）心态方面做好自我调适

1. 要有风度

如果总是对别人处心积虑、耿耿于怀、兴师问罪，只会把双方的关系逼得更加紧张，从而失去解决问题的最佳机会。

2. 要把握好言语的尺度

千万不要刻意寻衅报复。胸怀坦荡容易被人理解，胸怀狭窄则难以被人理解。

3. 要有气度

有一副对联是这样说的："开口便笑，笑天下可笑之人；大肚能容，容天下难容之事。"说的就是一个人要有海纳百川的气度。笑古笑今，凡事付诸一笑，大肚能容，容天容地，那无论什么误解、抱怨都不在话下了。

4. 要有真诚的态度

如果"误在自身"，则要诚恳地向对方致歉；如果"误在对方"，不要"得理不饶人"；如果"误在第三者"，则要排除干扰。抱着谦虚、友好、热情的交友态度，避免产生更多更深的误会。

5. 方法要适度

如果对方心直口快，你可以"单刀直入"，向他说明；如果对方性格内向，就要多花一点心思，以免再生误会。误会少了，那么人与人之间的交往就会像阳光般充满希望，生活就会充满快乐。

二、正确应对社交恐惧症

农民工进入城市以后，无论工作还是生活，都需要与各种不同的人打交道，一般说来，城市里的人际交往背景较为复杂，加上农民工自身的心理缺点（自卑与封闭），容易产生一些与社会交往相关的负面心理问题，社交恐惧症就是其中较为典型的一种。

（一）社交恐惧症的定义

社交恐惧症，又称"见人恐惧症"，是恐惧症中最常见的一种。社交恐惧症是一种对任何社交或公开场合感到强烈恐惧或忧虑的精神疾病。有社交恐惧症的人在陌生人面前或可能被别人仔细观察的社交或表演场合，有一种显著且持久的恐惧，害怕自己的行为会引来羞辱或难堪。

一般人对参加聚会或其他会暴露在公共场合的事情都会感到轻微紧张，但这并不会影响他们出席。真正的社交恐惧症患者通常会承受让人无法忍受的恐惧，严重的案例里，病患甚至会长时间把自己关在家里，孤立自己。

社交恐惧症患者总是处于焦虑状态。他们害怕在别人面前出洋相，害怕被别人观察。与人交往，甚至在公共场所出现，对他们来说都是一件极其恐惧的任务。

（二）社交恐惧症的主要症状

社交恐惧症常见的躯体症状有：口干、出汗、心跳剧烈、想上厕所。周围的人可能会看到的症状有：脸红、口吃结巴、轻微颤抖。有时候，患者会发现自己呼吸急促，手脚冰凉。更为严重的是，患者可能会在受到刺激后无法自控地进入惊恐状态。

（三）导致社交恐惧症的原因分析

1. 生理因素

美国精神病学教授戴维西汉认为，社交恐惧症的发病是因为人体内一种叫"5-羟色胺"的化学物质失调。这种物质负责向大脑神经细胞传递信息。这种物质过多或过少都会引起人们的恐惧情绪。

2. 心理因素

社交恐惧症患者一般自尊心较强，害怕被别人拒绝，或者对自己的容貌缺乏自信心。

3. 家庭因素

从小性格受到压抑，或者是父母没有教会他们社交的技能，或者是家庭搬迁过于频繁，没有建立起稳固的社会关系。

4. 社会因素

本身所处的社会环境较为恶劣，与人交往时受到的挫折居多，比如受到别人的排挤、冷眼或曾经当众被耍弄、歧视等。

5. 思维方式

性格其实就是人自身思维方式的一种外在体现，不正确的思维方式造成了社交恐惧症。比如过分的完美主义者受到打击后常常会过分自省，陷入自我反思的漩涡里不能自拔。

6. 个人性格

本身就害怕做事情出现问题，害怕和人交往，担心和人交往时别人会看出自己的某些缺点，从而回避社会，不愿意和人交往。

（四）社交恐惧症早期的自我调节方法

第一，不否定自己，不断地告诉自己"我是最好的我"，"天生我材必有用"。

第二，不苛求自己，能做到什么地步就做到什么地步，只要尽力了，不成功也没关系。

第三，不回忆不愉快的过去，过去的就让它过去，没有什么比现在更重要的了。

第四，友善地对待别人，助人为快乐之本，在帮助他人时能忘却自己的烦恼，同时也可以证明自己的存在价值。

第五，找个倾诉对象，有烦恼一定要说出来，找个可信赖的人说出自己的烦恼。可能他人无法帮你解决问题，但至少可以让你发泄一下。

第六，每天给自己10分钟的思考时间，不断总结才能够不断面对新的问题和挑战。

第七，到人多的地方去，让不断过往的人流在眼前经过，试图给人们以微笑。

如果确定已经进入了社交恐惧症阶段，确实无法与他人进行正常的交流，就应该及时到正规的心理治疗机构，接受心理辅导或心理治疗。

第五章 家庭生活与农民工心理融合

第一节 家庭生活与心理调适

除了前几章所述的来自工作的压力，农民工也面临着来自家庭的压力。作为外来务工人员，农民工一般没有属于自己的房子和积蓄，经常要面临交房租和三餐的烦恼。有些年轻的农民工，想要通过自己的努力挣钱娶妻；有些农民工是举家搬迁到城里务工，试图更好地与城市社会融合，给孩子更好的教育。可是事与愿违，农民工常常遭遇家庭经济困难，从而导致婚姻关系不和谐。

一、家庭经济困难时的心态调整

随着国家经济的发展和社会改革的深入，社会竞争日益加剧。由于先天经济发展不足，再加上疾病困扰、人口负担等因素的影响，农村与城市之间的贫富差距拉大，大多数农民工的家庭经济状况都是较为困难的，有的甚至难以维持生计。如果应对不善，经济困难家庭会面临着很大的生活和心理压力，个人和家庭就会陷入危机，从而影响社会的稳定。

（一）家庭经济困难对心理健康的影响

现今部分有钱人车来车往，吃喝玩乐，甚是潇洒。而经济困难者则不满现实，于是怨天尤人、自暴自弃、抑郁焦虑，甚至轻生。他们也曾满怀希望，但在一次次希望破碎的现实面前变得意志消沉、得过且过。当找不到合适的宣泄渠道时，一部分人可能会将这种种不如意向自己、家人或是社会发泄。

借酒消愁，不断麻木自己、打击自己，或是在家庭内施暴，导致家庭破裂，也有的尝试以错误的应对方式来改变境况，如赌博、盗窃、抢劫等，其后果可想而知。总之，家境困难对人的心理冲击很大。

1. 影响心态

家庭经济的困难导致相应地位的低下，受他人尊重的程度较低，农民工就容易出现自卑心理，低估自己的能力，丧失信心并以此解释现状，于是自认倒霉，将不如意的生活归因于命运的安排，自暴自弃。

2. 破坏情绪

对经济困难产生压抑和焦虑等情绪感受，是较为普遍的现象。毕竟经济困难是一个实实在在必须应对的状况，柴米油盐醋，上学、购房、结婚，样样都要掏钱，囊中羞涩的刺激，是农民工无法逃避的。如果农民工为明天的面包忧虑，担心失业、担心健康、担心意外和不幸会降临，反复担忧自己该怎么做、行不行，以致手脚出汗、坐卧不安，这就是焦虑状态。

3. 健康受损

经济困难的处境对某些人来说是意志的检验和锻炼，跨过去就能得到重生，落于泥潭则可能一直萎靡。经济困难的精神压力加上个体的素质因素，可能会对健康造成损害，容易出现失眠、性功能障碍等由心理因素所致的生理障碍，神经症也不少见，如焦虑症、强迫症、社交恐惧症、抑郁性神经症等，其中以神经衰弱最为常见，也可能促进或诱发抑郁症、精神分裂症等重性精神疾病。

4. 出现家庭暴力

今天，家庭暴力已成为一个相当严峻的问题，而经济困难正是家庭暴力的重要成因之一。可以说，经济困难是引发家庭暴力的重要原因。经济困窘，人生失意，在外部的竞技场上得不到满足，不受尊重，便想来做家庭的主宰，一腔怨怒总要发泄，家庭成员就成了替罪的羔羊，拳脚相加、冷语相对、忽视、遗弃等现象增加。所谓"贫贱夫妻百事哀"，经济困难容易导致家庭不和、家庭暴力，甚至家庭破裂。

（二）调整心态，积极应对家庭经济困难

与上述的现象相反，有的人处于家庭经济困难状况时想到了积极应对，人穷志不短，立志改变现状，并付诸行动，很可能取得成效；有的人则调整期望，粗茶淡饭未必不惬意，更重要的是得到了家庭和睦、身心健康这一更宝贵的财富。那么怎样做才更加有益呢？

理论篇

1. 合理正确归因，有针对性地积极行动

遭遇经济困难，先要冷静地分析原因，导致经济困难的最可能的三个要素：能力、努力、机遇。合理寻求原因并予以针对性的措施才有可能改变经济的困境。所以先问自己：是不是能力的问题？如果是，那么原因是什么？先天的不足？后天的欠缺培养？如果是先天的原因，接受是理智的应对方法，然后在此基础上寻求可能的发展，也可以咨询有关专业人士的建议；如果是因为受教育等后天训练的欠缺，那么要寻求再教育的机会。接下来再问：我的努力够吗？无论能力如何，我有没有尽心尽力地去做？我能不能问心无愧地说："我付出了所有的力量。"认清了症结所在，就可以对症下药了，但清醒何尝不是痛苦的，改变也是痛苦的，冰冻三尺非一日之寒，要改变日积月累的困难必须付出很大的努力。

2. 寻求专业咨询和外部支持

人与人之间是能够互相支持的，在经济困难之中可以考虑寻求外部的支持。每个人都有其社会支持网络，最坚实的内圈是亲人，逐次向外则是朋友、同学、同事、单位、政府、社会等，可以寻求他们的支持和帮助以度过困难时期。求助绝不是懦弱无能，而是基于对他们的信任，而且反过来讲，则表示他人困难的时候我也会有愿意帮助的心情。当然，支持是暂时的，真正的解决办法还是想出积极的自救措施。

3. 调适欲求与能力、理想、现实的关系

人的欲求可以是无止境的，而能力则是有限定的，所以可能出现欲求高于能力的矛盾。欲求太多，往往难以满足；目标太高，往往容易受挫。理想需要基于现实，既有奋斗的空间，又不至于遥遥无期让人绝望。人也可以拥有梦想，梦想成真那是童话式的惊喜，若未能实现也只因它是梦。粗茶淡饭、身心健康、家庭和睦岂不也是一种惬意的生活？

二、改善夫妻关系，提高婚姻质量

男女结婚，好比种下一棵"树苗"，这棵树在今后的成长过程中，难免遇到恶劣的天气，甚至狂风暴雨……农民工常常举家离乡在异地务工，也有独自一人在外拼搏的，家庭的生活质量以及夫妻关系常常受到一些挑战，双方需要更多地用责任、用爱心去呵护，去修剪枝叶、除虫害，"树苗"才可能得以茁壮成长。注意以下几点，有利于改善夫妻关系，提高婚姻质量。

（一）从恋爱时选择对象做起

年轻人谈恋爱，情感体验是强烈的，容易把对方的缺点当优点看，主观想象的比较多。一般情况下，性格相近、兴趣相投的夫妻，婚姻质量要高些。

（二）注重夫妻感情交流与沟通

在结婚初期，双方一般都有很高的热情，憧憬着家庭的未来。有了孩子以后，注意力开始转移，夫妻双方会因为各种原因而忽略对方的需要。结婚多年，似乎习惯如此，高兴与烦恼都无须告诉对方，这点在男人中尤为明显。因此夫妻之间的交流和沟通显得相当重要。沟通要考虑时间和场合，夫妻间的私下谈心要避开孩子和老人；下班回家后不要急于谈不高兴的事情；上床后不要谈严肃的话题，以免影响双方的情趣。对对方可多说些正面鼓励、表扬的话，学会夸奖对方，对方是会从心底感激你的，而讽刺挖苦、恶言相讥，只会是两败俱伤。

（三）增添生活的情趣和新鲜感

有人研究，夫妻的新鲜感和激情持续的时间大约是 30 个月。夫妻长期生活在一起，难免生厌，所以学会增添生活的情趣，始终给对方以新鲜感非常重要。比如，一贯做事主动、有魄力的丈夫，也需要偶尔的温柔、撒娇，成为妻子想象中的浪漫情人。不时地梳妆打扮，可以给对方愉悦、兴奋和自豪的情感体验。

（四）拓宽心理容量

夫妻间未必要事事认真，应学会原谅和宽容对方。遇到问题就大吵大闹，肯定会把问题变得更糟。现代社会主张夫妻平等，妻子不是丈夫的附属品。丈夫做得不对，妻子可以直言不讳，丈夫也不要有大男子主义，应懂得妻子的一言一行都是为自己好，不要愤愤不平。如果妻子真的对丈夫不管不顾，那才是丈夫的悲哀。

（五）妥善处理婚姻冲突

婚姻是来自不同家庭的两个男女的结合，各自都有自己习惯化的思考、行为模式。在家庭事务中，难免发生冲突，当然，不要以为夫妻不吵架就代表恩爱。不要认为让步就丢了面子，男人大度些、谦让些，又有何妨？如果一不小心，让冲突升级了，不要做过多的解释，沉默是金，待对方息怒以后，再侧面解释，或者等气氛比较好的时候，通过恰当的方式让对方反省，矛盾也许就会迎刃而解。

上述几点，说来容易，做起来难。关于婚姻质量的提高和夫妻感情的维护，每个已婚者都有自己的发言权，有自己的一套经验，不是什么大的学问，但确实有那么一些人与异性的朋友相处蛮愉快的，只要与配偶相处，就问题重重，所以更应该多注意这些方面。

第二节　女性农民工性心理健康

一提起农民工，人们头脑里立刻浮现的是男农民工在工地上劳作的身影。其实农民工既包括男性农民工也包括女性农民工，但女性农民工作为弱势群体中的弱势群体常常遭受忽视，尤其是性心理健康问题。

一、女性农民工常见的性心理健康问题

女性农民工是城市里一个庞大的职业群体，以 17 岁至 25 岁的年轻女性居多。和所有处于青春期的少女一样，年轻的女性农民工对爱与性懵懂又好奇，由于没有渠道去了解正确的性知识，被骗、未婚先孕、流产等事件屡有发生，有些经历让人心酸，催人泪下。

（一）女性农民工常见的性心理健康问题

1. 性知识缺乏

在全国各地，女性农民工的性问题长久以来并不为大家所关注。这是一群天真烂漫的农村少女，分布在城市各种服务行业和工厂里，由于文化程度相对较低，大多数又没有技术特长，精神世界匮乏，身处城市却仍局限在农村青年打工群体的狭小生活圈里。和所有处于青春期的少女一样，对爱与性懵懂又好奇，没有办法通过正常的渠道去了解正确的性知识，常常会有一些不幸与意外发生。

2. 对情感的渴望与对性的好奇心理

18 岁的农村姑娘晓芳从贵州老家到沿海某城市打工，临行时父母千叮咛万嘱咐："在外面一定要注意保护自己，不要交男朋友。"和很多父母一样，他们最担心女儿面对花花世界经不住诱惑。实际上，绝大多数和晓芳一样的农村姑娘正处在对异性产生好感和强烈好奇心的年龄，在农村缺乏渠道了解性知识，而来到城市后，环境一下子变宽松了，情况也更加复杂了。从家乡来到陌生的大城市，为了生存拼命打工赚钱，女性农民工不懂城市女孩"泡吧""慢摇"等休闲活动，也舍不得去消费，所以精神、文化娱乐活动极为单调，平常的娱乐就是和老乡聊天、逛街，对性知识是既渴望又无知。

3. 常常遭遇性骚扰

在城市里务工的女青年，有时会遭到言语、动作上的骚扰，甚至性侵犯。

由于没有受过系统的培训，大都维权意识不强。同时大多数人也害怕别人知道后，认为自己是不检点的女人，宁愿独自承受性骚扰所带来的精神苦闷。

4. 缺乏性行为安全保护

据有关报道，在许多已经有过性行为的女性农民工中，不懂怎么避孕，甚至从没有见过安全套的也不在少数。因为缺乏性行为安全知识而导致意外怀孕、流产的案例是越来越多，而且去做人流的女孩年龄普遍偏小，有的甚至未满18周岁，还有的已经多次堕胎，有这些遭遇的女性农民工几乎没有避孕常识。在异地打工，离开父母的监管，特别是对待性问题方面觉得很茫然，又不敢开口问，则极易产生问题，需要社会进行正确的引导，普及基本性知识和避孕常识。缺乏性行为方面的安全防护知识，还极易导致性病的出现，有的甚至会感染艾滋病等。

（二）社会对女性农民工性心理健康的关注

目前，我国各级政府和有关企业，已经在关爱外来女性农民工、保护女性农民工权益和维护女性农民工心理健康方面做了一些工作，比如针对已婚的流动妇女，每年有关地方的社区都会开展不同层面的免费避孕节育、生殖健康、优生优育方面的指导和教育，在流动人口聚集区长期设立避孕药具供应点，定期为已婚育龄妇女进行双查（查环、查孕），并免费做上环、取环等妇科检查。

有些地方还提出社会各方面联动，共同创造保护女性农民工生存权益的社会氛围，如餐饮服务部门在培训时可加入相关教育培训、妇联保障妇女权益不受侵害、卫生部门提供相应的医疗服务等。然而，由于政策等方面的原因，在一些经济发达的城市，虽然未婚女农民工相对集中，但有针对性的健康教育，包括生理卫生教育、心理卫生教育等都还没有普及开来，特别是女性农民工的性教育问题几乎是一片空白，长久以来并不为人所关注，开展这方面的教育，显得尤其迫切和重要。

（三）女性农民工性心理健康的自我维护

保持女性农民工的性心理健康，除了政府和企业要积极行动起来，有所作为外，广大女性农民工自己也要对自身性心理健康进行自我维护。

第一，学习科学的性心理知识。通过一些正常的渠道，学习一些性生理、性心理、性道德等一切有关性健康的知识，用知识来保护自己免受伤害。

第二，有正常的性需要和性欲望。正常的性需要和性欲望是健康性心理的生物学基础。

第三，有正当健康的性行为方式，性行为的目的和性满足的方式符合人性。

第四，使性观念和性行为符合社会道德和法律规范。

第五，对性抱有正确的态度和情感，能够自觉调解和克服不良情绪，如自卑、恐惧、焦虑等。

第六，有性偏离的性心理障碍，则应寻求心理帮助，主动积极地进行治疗。一旦出现性偏离，必须治疗。

总之，性心理健康是社会文明的重要组成部分，特别是女性农民工的性心理健康教育，应该引起全社会的高度重视。

二、女性农民工经期的个人卫生与心理卫生

大多数在城里务工的女性农民工年纪处于青春期或成年早期阶段，由于生理结构方面的原因，常常会受到一些生理活动的影响，造成一些生理和心理问题，月经就是其中一种。

处于青春期及以上的女性，因为周期性的生理活动，子宫内膜在内分泌影响下周期性地剥落并从阴道排出，每月一次，叫作月经。虽然，月经是女性常见的生理活动，但如果采用了不正确的方式来认识和对待月经，则不仅会造成心理问题，更会进一步影响身体健康。月经前后，部分女性朋友往往会出现两种烦恼：一是经前紧张，二是痛经。

经前紧张是指女性在月经来潮前一周左右开始出现的情绪波动和身体不适，如精神紧张、烦恼、易怒、失眠、头痛等症状。这些症状主要是由于体内雌激素和孕激素的比例不正常及体内的水潴留过多引起的。其实，这些表现都是体内生理的一种正常反应，不用紧张，不用治疗，也不影响工作或学习，只要避免精神紧张，转移注意力，少吃盐，即可减轻症状。痛经也是部分女性朋友会碰到的，可以用热毛巾敷一敷腹部，洗个热水澡，不吃生、冷、辛辣的刺激性食物。如果出现冒冷汗、恶心、呕吐、腹泻等症状，应及时去医院就诊。经期里由于子宫内膜脱落，血管破裂未愈，形成一个创面，加上子宫口微张，容易感染细菌，人体抵抗力下降，所以要特别注意经期个人卫生和做好心理准备。

（一）注意选择信得过的、适合自己的卫生巾

选择比较老牌的、质量有保证的卫生巾，如安尔乐、苏菲。不要购买廉价的、不知名的牌子。常有新闻报道，说某些不法商贩用"黑心棉"制作卫

生巾，很不卫生，甚至会危害身体健康。所以，一定要选购质量好，且自身适用的卫生巾。

（二）可以洗热水澡

在农村，有老人说月经期间不能洗澡，这是没道理的。应该说，不要洗冷水澡，但可以洗热水澡，保证身体清洁、干净。洗澡采取淋浴。注意不与别人共用衣服、毛巾，自己的用具勤洗勤晒。

（三）注意保暖

月经期间抵抗力下降，要注意保暖。避免涉水、淋雨、游泳、下水田或冷水洗头、洗脚，也不要坐凉席、凉地，夏天避免吃过多冷饮。

（四）适当补充营养

多吃些鸡汤、猪肝、鸡蛋、水果、蔬菜、红枣等，补充体内各种维生素和蛋白质等，增强体质，提高抵抗力。不吃辛辣生冷等刺激性食物，多吃纤维食物，如地瓜、莴笋、香蕉等，保持大便畅通。

（五）做好心理准备

对大多数未婚女性来说，需要懂得月经是身体发育和生理运行的必然，没有必要忧心忡忡，同时要对月经来时并发的腰酸、嗜睡、疲劳、乏力等不适做好充分的心理准备，避免惊慌失措，加重心理负担。

（六）月经周期内应避免参与剧烈体育运动

避免参与如长距离骑车和跑步等运动，以免过度疲劳导致抵抗力下降，诱发感冒等疾病。

（七）注意休息

保证充足睡眠时间，食用营养丰富、易于消化吸收的饭菜，这对增强体质，恢复精力大有裨益。

第三节　务工生活特殊的心理问题及应对

前面所述内容均是农民工在工作、生活中常遇到的一些问题，但由于社会生活的复杂性，农民工在日常的生活中也会遇到一些特殊问题，如旅途性精神病及孤独心理。本节主要介绍旅途性精神病和孤独心理及其应对措施。

一、旅途性精神病及预防

（一）旅途性精神病的定义

旅途性精神病，是指在旅途中，如火车、汽车、轮船或飞机等这种特定的环境下发生的一种急性、短暂性精神障碍。病发时，会出现精神错乱表现，如果停止旅行，充分休息，数小时或一个星期内，可自行缓解。

旅途性精神病发病率虽然不是很高，但对本人、亲属以及邻座旅客的影响非常大。发病的时候主要表现为意识出现问题，有片段性的妄想，出现幻觉，有的会行为错乱。患者会烦躁不安、情绪紧张、感到恐惧、兴奋躁动、意识不清晰，比如说，能听见别人听不到或根本不存在的声音、无端地怀疑周围的人、忽然不认识同行的亲戚、朋友等。患病严重的常见行为是跳车逃生，乱散钱财，自伤自残，甚至于有暴力行为，造成流血事件。

（二）容易发生旅途性精神病的情况

旅途性精神病患者以农民及打工者居多，以男性青壮年为主，多以独自出行较为常见。乘车时间长，大部分旅途时间超过 24 小时，由于车厢内拥挤，二氧化碳浓度很高、温度相对过高而不能入睡，身体活动受到限制，极度疲劳。长时间或持续没有进食，或很少吃东西，生理指标出现异常。发生旅途性精神病往往会有一些情绪和适应方面的前兆，如上车前就有焦虑不安的心理、首次出门、随身携带有来之不易的钱财、处于陌生的车厢内，缺乏人际交流、害怕被人抢劫或与家人走散、精神处于强烈的应激状态，表现出不安和紧张感。

易发人群有以下几类。

外出打工者。这一部分人在外辛苦打拼，一年后或一段时间后，好不容易积攒一些钱回家，许多人为省下邮费，将现金贴身带着，但是钱贴身不贴心，总是担心辛辛苦苦赚来的钱会不翼而飞，因而心理高度紧张。

学生人群。有些到外地求学的学生初次遇到长途旅行或经历春运等繁忙的节假日交通运输，人群拥挤，心理上没能调节过来。

游客。有些游客本想趁着假期出去旅行放松一下，可是在火车或汽车上，火车站或汽车站里，到处拥挤不堪，人头攒动，气味难闻，因此产生焦躁的情绪。

（三）防范建议

无论是外出打工还是回家，总免不了舟车劳顿，这给每个人的身心健康都会带来一定的冲击。对乘客而言，要多想办法，做好旅途性精神病的预防工作。下面是一些具体的建议。

第一，旅途中尽量避免携带一些贵重物品，如巨款，以减少精神压力。

第二，出发前要尽量保证睡眠充足，保持良好的身体状态和精神状态。

第三，最好能结伴而行，以消除内心的孤独感和紧张感，保持精神上的放松状态。

第四，旅途中要保证规律地进食、喝水，防止过度饥饿和脱水。

第五，旅途中在可能的情况下要尽量多睡觉。

第六，心情焦虑、烦躁时可以采用闲聊或深呼吸的方法来自我调节，实在无法控制时要尽快找工作人员寻求帮助。

二、生活中的孤独心理及应对

农民工的孤独不仅仅是一个心理问题，也是社会问题。大多数农民工朋友都曾感受到强烈的孤独感，而孤独感的产生，既有来自农民工自身的原因，也有社会方面的因素。那么农民工在异乡怎样战胜孤独感呢？

（一）正确认识自我，发展自我

到任何一个地方工作，都需要有强大的自我能量作支撑，只有正确地认识自己，才能正确分析现状，理清思路，确定发展方向。大多数农民工朋友在农村生活惯了，走出了农村家庭，过着独立的生活，加上面对新环境，城市生活节奏过快，会感到有些不适应，产生孤独感，是可以理解的。但只要在现实的基础上，重新确立自己的人生位置，做好自己的本职工作，尽快适应新环境、新生活，很快就能消除孤独感的。

（二）面对现实，增加信心

很多人说现实是残酷的，对农民工而言，到陌生的城市务工，就像浮萍漂于江河，无依无靠，多少会产生点孤独感受。面对现实，应对孤独，主要还靠产生于内心的自信。自信来自勤奋，来自刻苦，来自付出。克服自卑孤独感，需要积极向上，勤奋学习工作，开阔视野，积极参与社会生活，接受新鲜事物，不断学习文化知识，充实自我，发展自我。

（三）勤于沟通，寻找快乐

俗话说"朋友多了路好走"，说的就是一个人需要有良好的社会关系作后盾，需要从知心朋友那里获得更多的快乐和信息。一般来说，沟通与求助是一种理智的表现，当一个人孤独时，可以尝试和朋友多多交往，通过聊天、

理论篇

说话等方式互通信息，来得到外界的支持或帮助，从而不让孤独淹没自我。

（四）减少压力，积极应对

心理学研究发现，当一个人遇到困难或挫折，感受到压力出现无法应对时，就会加倍感到孤独。所以当你面临较大的心理压力而不知如何应对时，一定要做到不让压力与孤独影响你的生活和工作，保持乐观的态度。

（五）增加兴趣爱好，架起交往的桥梁

孤独感也是由于缺乏兴趣爱好，不擅于人际交往而造成的。如果农民工朋友能多学几种文体活动技能，培养一些兴趣爱好，像唱歌、跳舞、打球、下棋、书法、集邮等，那么就不仅能在单独的个人世界里寻找到快乐，而且能交到许多有共同爱好的朋友。

第六章　压力应对与农民工心理融合

第一节　农民工的压力及应对

从心理学的角度讲，压力是指人们由于一些已经发生或即将发生的，存在或虚幻的事件而产生的精神困扰，并且这些困扰使得人的精神思想和行为语言受到了一定的影响的一种情绪情感体验。在融入城市社会的过程中，许多农民工会感受到来自工作、生活、人际交往和教育等方面持续的压力。压力给人们的身心健康造成了较大的负面影响。

一、压力应对的方法

在现实生活中，许多农民工会感受到来自工作、生活、人际交往和教育等方面持续的压力，压力给人们的身心健康造成了较大的负面影响。那么积极应对压力的常见方法有哪些呢？

（1）充分休息。不管多忙，每天要保证有6—8个小时的睡眠时间。

（2）调适饮食，禁烟少酒。酒精和尼古丁只能掩盖压力，不能消除压力。

（3）树立新观念，超然洒脱面对人生，淡泊名利，知足常乐。

（4）不要把自己一个人封闭起来，外出参加一些社交活动，多与知心朋友交流沟通。

（5）遇到困难，先设想一下最坏的结果，这样会对自己的应变能力更具信心。

理论篇

（6）不要害怕承认自己的能力有限，学会在适当的时候对某些人说"不"。对自己感到难以承受的工作，要敢于拒绝，量力而为。

（7）不要事事要求完美。只要尽心尽力做好每件事，即使达不到预期目标，也不要总是埋怨自己。

（8）不要将他人的过错归因于自己，无须对他人的情绪承担责任。

（9）不要太心急。遇到婚姻、就业、购房、升迁等重大问题，要提醒自己，只有时间才能解决问题。

（10）回忆曾经拥有的最幸福的时刻。

（11）阅读书报是最简单的减压方式，不仅有助于缓解压力，还可使人增加知识与乐趣。

（12）打开相册，重温过去美好的时光。

（13）打开收音机、录音机或电脑（如果有条件的话），闭上眼睛，聆听熟悉且美妙的音乐，让心灵在音乐声中徜徉。

（14）学会躲避一些不必要的、纷繁复杂的活动，从一些人为制造的杂乱和疲劳中解脱出来。

（15）参加健身活动或体育运动，在运动中使身心得到完全放松。

（16）享受大自然，去公园或郊外走走，看看外面的世界。

（17）既然昨天和以往的日子都过得去，那么今天和以后的日子也一定会安然度过，多念念"车到山前必有路"。

（18）世上没有完美，甚至缺少公正。努力了，能好最好，好不了也不是自己的错。

（19）给爱说笑话的朋友或亲人打电话。

（20）在没人的地方大声喊叫或放声大哭，也是减轻心理压力的一种方法。

（21）上街去逛逛，临时换个环境，心情或许会好一些，压力自然也减小了。

（22）解不开心里的烦恼，应找朋友或心理医生倾诉。

（23）当自己感到烦躁不安时，可以睁大眼睛眺望远方，看看天边会有什么奇特的景象。

（24）在非原则问题上不去计较，在细小问题上不去纠缠，以聪明的"糊涂"舒缓压力。

（25）健康地开怀大笑是消除压力的最好方法，也是一种愉快的发泄方法。

二、压力面前的心态调整

现实生活中，压力普遍存在，大凡遇到工作不如意、与别人争吵、被人误解讥讽等情况时，各种消极情绪就在内心积累，从而使心理失调。消极情绪占据内心的一部分，而惯性的作用会使这部分越来越沉重、越来越狭窄，使人感到压抑、浮躁，严重的会出现暴戾、轻率、偏颇和愚蠢等难以自控的行为。在现实生活中不如意的事总是难以避免的，在广大农民工朋友身上更是常常见到。如果不能泰然处之，很容易引起心理失衡，导致身体和精神上的疾病。提供以下几点做法给大家在面对压力调整心态时做参考。

（一）不要对自己过分苛求

如果把奋斗目标定得太高，不是个人能力所能达到的，就容易导致挫折，郁郁不得志，这和自寻烦恼没什么区别。有的人做事希望能十全十美，对自己近乎吹毛求疵，往往因小问题、小毛病而自我责备，结果受害的还是自己。为避免出现心理问题，最好还是明智地把目标和要求定在自己能力范围之内，懂得欣赏自己的成就，自然心情就会舒畅了。

（二）及时疏泄自己的不良情绪

当我们处于愤怒状态，或者心情不好的时候，很多错误的言行或失态之事也就出现了。与其事后懊悔，不如事前明智自制。可以把愤怒转移、发泄到其他事情上，比如参加打球、登山、跑步等体育活动，就会感到轻松许多。

（三）为别人做点事

压力之下并非不能有所作为，虽然个人能力有限，但是，如果能合理地协调好与别人的关系，适当帮助别人做一些事情，就会有意想不到的收获。助人为快乐之源，帮助别人不仅能使自己忘记烦恼，使心理复归平衡，还可以借此确定自己的存在价值，更可获得珍贵的友谊。

（四）偶尔也需要屈从

成大事者处事无不从大处看，无见识的人才会死钻牛角尖。只要在不违背大原则的前提下，在小处妥协退让，既无碍大局也能减少自己的烦恼。所谓"屈从"就是委屈自己，成全他人，如果有这样的心胸，我们就能看淡身边很多看不惯的事。

（五）暂时回避问题情境

受到挫折或遭遇打击时，如果不能解决，最好暂时把它放到一边，暂时不予理会，而去做自己喜欢的事，如运动、睡觉、娱乐等。等心情恢复平静

理论篇

后，再来重新面对难题，这样可保证心境得到恢复。

（六）找人倾诉烦恼

遭受压力，便会产生一些不良情绪，把所有压抑、痛苦、焦虑等都埋藏在心底，只会令自己郁郁寡欢，心情越来越糟糕，不如把它告诉知己、好友，会感到意想不到的放松和缓解。

（七）对别人的期望不要太高

在压力面前，有些人把希望寄托在别人身上，尤其是"妻望夫贵"，父母亲"望子成龙"。假如对方做得不好，达不到要求，便会大失所望。其实人各有志，每个人都有自己的优缺点，不必非得要求别人迎合自己。

（八）不要处处与人竞争

有些人心理不平衡，完全是因为他们处处与人竞争，在竞争不如意的时候，就是压力感加强的时候，正是压力迫使自己经常处于紧张状态。其实人之相处以和为贵，只要自己在心理上不把别人看成对手，别人也不一定会与你为仇。

（九）对人表示善意

被人排斥的原因经常是因为别人对我们有戒心，如果在适当的时候表达自己的善意，多交朋友，少树敌人，心理上的压力自然会缓和。

（十）参加娱乐活动

这是消除心理压力的最好方法。娱乐的方式并不重要，要紧的是要有令人心情舒畅的效果。

三、面对压力合理的情绪宣泄方法

人总免不了要处于压力、焦虑、抑郁等状态，如果能掌握一些合理且易于掌握的宣泄方式，将会非常有利于心理健康。

（一）写日记

如果有些话羞于启齿，不妨用笔写出自己内心的感觉。可以将自己的内心世界、想说的话等写入日记，或者写不寄出的信给伤害你的或你爱慕的人。

（二）转移情绪

人生的道路崎岖坎坷，难免有挫折和失误，也少不了烦恼和苦闷，暂时转换一个环境，或许可以换一种心情，比如洗个热水澡，心情就不会那样烦躁。等烦恼暂时缓解后，先前的那个问题就可以重新应对了。

（三）憧憬未来

追求美好的未来是人的天性，也是人类生存和社会进步的动力，谁都不能剥夺别人想象未来的权利，因为憧憬未来，可以给我们增添许多力量。

（四）向人倾诉

心情不快却闷着不说会闷出病来，有了苦闷应学会向人倾诉。

（五）拓宽兴趣

兴趣是保护良好心理状态的重要条件。人的兴趣越广泛，适应能力就越强，心理压力也就越小。

（六）宽以待人

人与人之间总免不了有这样或那样的矛盾出现，朋友之间也难免闹不愉快，有争吵、有纠葛。只要不是触犯大的原则问题，都应与人为善，宽大为怀。

（七）记住快乐，忘记忧愁

在人生的旅途中，快乐和忧愁总是相互伴随的，有荆棘丛生，有鲜花绽放，有忧心如焚，也有其乐融融，因此每个人都要精心筛选，不能让那些悲哀、凄凉、恐惧、忧虑、彷徨的心境困扰着我们。可以找个很要好的朋友，然后莫名地骂上他（她）一顿。如果是真正的好朋友，肯定会了解你、支持你、鼓励你的，不会因为这件事情而生气。

（八）喊叫、哭泣

到空旷的场所放开喉咙，把你一肚子的积怨喊出来。找个地方独自一个人或当着你的朋友痛哭。哭泣被心理学家称为"自然的安全阀"，是上天赋予我们的情感表达方式，大哭一场是很有好处的。

（九）去公园坐坐

你可以选择去公园坐上一下午，就那么静静地坐着。仔细观察周围，你会发现世界没那么沉重。

（十）唱歌

唱歌确实是个很不错的方法，身体累了，心也伤累了，那就唱出来吧。

（十一）运动

对着被子练拳击，撕烂一大堆废纸（模仿《红楼梦》里晴雯撕扇），拼命地跑步……你可以做任何不伤害他人又让自己觉得"痛快"的运动。

最后，请记住：抑郁是你所处的一种心理状态，但抑郁并不是你本人；焦虑是你所处的一种心理状态，但焦虑并不是你本人；愤怒是你所处的一种心理状态，但愤怒并不是你本人。

理
论
篇

第二节　挫折及应对

挫折是指人们在有目的的活动中，遇到无法克服或自以为无法克服的阻碍，使其需要或动机不能得到满足的情况。从心理学的角度讲，挫折指个体有目的的行为受到阻碍而产生的情绪反应。人在一生中遇到的挫折远大于成功，农民工也不例外。本节主要介绍城市融合过程中应对挫折的一些小技巧。

一、挫折应对建议

人生道路漫长而曲折，人的一生中充满着成功与失败、顺境与逆境、幸福与痛苦等矛盾，像工作上失败、生活的穷困、家庭的离散、身体的疾病伤残等挫折都会不请自到。广大农民工在务工生涯里会碰到许许多多的挫折事件。那么应当如何合理应对挫折事件呢？

（一）正视挫折和痛苦

面对挫折我们不能消极地忍耐或回避，而应直面正视人生挫折，积极寻求克服和战胜挫折的有效途径，抚平伤痕，向人生的成功目标奋斗。古今中外一切杰出人物，没有一个是一帆风顺走向成功的。在失败和不幸面前，他们无不是选择了发愤图强之路，一个个奋起，与人生的逆境抗争，紧紧扼住命运的咽喉，做生活的强者，通过自己的艰苦奋斗，最终赢得命运的青睐。在这方面，他们为我们提供了诸多有益的启示。

（二）战胜自我

怎样战胜"自我"呢？让我们来看看列宁的一个小故事：列宁在一个漆黑的冬夜要越过芬兰边境回国领导革命。在路上，一条冰河横在他面前。河里的冰已经融化成许多冰块浮在水面上了，踩着冰块过河不能有一点迟疑滞留，否则就可能掉到河里。列宁没有丝毫的胆怯和犹豫，他果断迅速地踏着浮冰到达了对岸。面对浮冰，过河人要么原路返回，要么像列宁那样毫不犹豫地走过河去，但不管你是退缩还是过河，冰河都是不会改变的，而该改变的应当是过河人自己。看来，挫折的关键在"自我"，要战胜挫折，首先要战胜"自我"。

（三）调整目标

挫折总是和目标连在一起的，挫折就是自己的行为受阻，心中的目标暂时无法实现。因此，当受到挫折后，要重新衡量一下，目标是否定得过高，是否符合主、客观条件。如果确属目标不切实际而造成挫折，那就要重新调整目标，使自己既定目标符合实际水平。小品《前边有棵树》里的两个女青年，一生坎坷，遇到了下乡插队、失恋、离婚、下岗等一系列挫折，但她们反复用同一句话互相鼓励："世界上没有值得让你流泪的人（事），值得你流泪的人不希望你哭。"世界上许多事情都说明，遇到烦心的人和事，只有调整自己的心态，调整奋斗目标，战胜困难，继续前进，才可到达理想的彼岸。

（四）善于摆脱挫折带来的烦恼

当遇到挫折而产生了悲观失望的不良情绪时，应该采取适当的方式，将不良情绪排泄出去，千万不要把它压在心里。有了烦恼，可以向亲友倾诉；与人闹了矛盾，要及时解开疙瘩，消除误会；工作上碰到困难，要多向领导和同事们请教。比如，健康的业余爱好，积极的体育活动，甚至在野外大喊几声，都是消除不良情绪的好方法。

（五）把挫折当作"镇静剂"

挫折是一种"兴奋剂"，它可以激发人的进取心，促使人为改变境遇而奋斗，它能够磨炼人的性格和意志，提升人的创造能力和智慧。同时，挫折也是一种"镇静剂"，它可以使头脑发热的人冷静下来，这对于年轻人来讲特别重要。有些年轻的农民工自以为是，对善意的批评、忠告、劝诫总是听不进去，那么，我们就可以耐心等待，当他在实践中碰了钉子，他就会后悔当初没听大家的话，也许还会感谢你，以后会对你的话加倍注意。

（六）培养良好的个性心理品质

从对挫折容忍力的分析可以看出，是否具备良好的个性心理品质，对于战胜挫折尤为重要。如果心理品质不良，就会对挫折产生错误的知觉判断，从而增强对挫折的感受性，降低对挫折的耐受性；反之，如果一个人具备了较优良的个性心理品质，就能充满信心地迎接挫折的挑战，直至完全战胜它。作为进入城市的弄潮儿，农民工要勇于投身到火热的生活激流中，认识自我，完善自我，形成良好的心态与个性。

（七）面对挫折，冷静对待

在挫折面前难能可贵的是静下心来好好想想，冷静面对。遇到挫折应冷静分析，从目标、环境、条件等方面找出受挫的原因，采取有效的补救措施。要善于化压力为动力，更要经常保持积极和乐观的态度。要能容忍挫折，学会自我宽慰、心怀坦荡、情绪乐观、发奋图强、满怀信心去争取成功。何时

理论篇

跌倒何时起，起来重整旧时衣。应该懂得："成功就是爬起永远比跌倒多一次。"

二、挫折面前的身心放松方法

在工作生活中，碰到心理健康问题或出现心理障碍时，人们常常不能及时求助于专业人士，这时候就需要做一些力所能及的自我调适，身心放松法就是其中一种比较简便易行、效果较好的方法。

（一）身心放松法的定义

身心放松法就是利用放松训练，为达到肌肉和精神放松的目的所采取的一类行为治疗方法。心理学研究发现，人的生理活动与心理活动是密切联系的，放松训练就是通过肌肉松弛的练习来达到心理紧张的缓解与消除。研究证明，放松训练所导致的松弛状态，可使大脑皮层的兴奋水平下降，通过内分泌系统和自主神经系统功能的调节，使生理紧张和心理失调得到缓解并恢复正常。

放松训练能较为有效地缓解紧张性头痛、失眠、高血压、焦虑、不安、气愤等生理、心理状态，还有助于稳定情绪、振作精神、恢复体力、消除疲劳，对增强记忆、提高学习效率、提升个人应对紧张事件的能力也有一定效果。

（二）常见的身心放松法

放松训练的方法有许多种，这里简要介绍四类简便易行的放松训练法。

1. 常规身心放松法

常规的身心放松法有身体放松法和精神放松法。常用的身体放松的方法有做操、散步、游泳、洗热水澡；常用的精神放松的方法有听音乐、静坐、看漫画等。自己在什么情况下需要放松，采用哪种方式放松，可以通过观察身体和精神状态来确定。身体方面，可以感受饮食和睡眠情况，以及有无适当运动等；精神方面，可以看处事是否镇定、是否容易分心、是否心平气和等。如果自我观察后的判断是否定的，就需要进行放松训练。

2. 深呼吸放松法

深呼吸放松法是一种最容易做的放松法，几乎适用于所有人，适用于应对使自己感到紧张的场合。深呼吸放松法很类似于日常生活中的"自我镇定法"。具体做法是：站定之后，双肩自然下垂，慢慢闭上双眼，然后慢慢地做深呼吸。此时，自己也配合呼吸的节奏给予一些暗示和指导语，"一呼……—吸……—呼……—吸……"体会"慢慢地深深地吸进来，再慢慢地呼出去，深深地吸进来，慢慢地呼出去……"做深呼吸的时候，注意感觉自己的呼气、吸气。这样，便放松了自己，也转移了对压力和紧张的注意。这种方法虽然很简单，却常常起到一定的作用。在自己感到紧张的场合，或是不知道自己该怎么办、手足无措之时，不妨先做一次深呼吸放松。

3. 想象放松法

做放松训练之前，先要解除身体上的一些"束缚"，摘掉帽子、松开皮带、解开鞋带等。然后选择一个舒适的姿势坐好或躺好，闭上双眼，开始放松。此时，最好给予自己一些言语性的指导，由他人或是自己给予暗示，展开联想。如果是由他人给予言语指导，需要让他了解自己在什么情境中最能感到舒适、惬意、放松。通常情境都是在大海边。指导语如："我静静地俯卧在海滩上，周围没有其他的人。我感觉到了阳光温暖的照射，触到了身下海滩上的沙子，我全身感到无比的舒适。海风轻轻地吹来，带着一丝丝海腥味，海涛在轻轻地拍打着海岸，有节奏地唱着自己的歌。我静静地躺着，静静地倾听这永恒的波涛声……"在给出上述指导语时，要注意语气、语调的运用，也可以自己在心中默念。节奏要逐渐变慢，配合自己的呼吸。自己也要积极地进行情境的想象，同时，也要注意言语提示配合五官的感觉。

4. 精神放松练习法

就是通过引导注意力集中在不同的感觉上，达到放松的目的。比如可以把注意力集中在视觉上，静心地看着一支笔、一朵花、一点烛光或任何一件柔和美好的东西，细心观察它的细微之处；集中在听觉上，聆听轻松欢快的音乐，细细体味，或闭目倾听周围的声音；集中在触觉上，触摸自己的手指，按按掌心，敲敲关节，轻抚额头或面颊；集中在嗅觉上，找一朵鲜花，集中注意力，微微吸它散发的芳香，等等。也可以闭上眼睛，试着将生活中的一切琐碎和不愉快的事情忘掉，着意去想象恬静美好的景物，如蓝蓝的海水、金色的沙滩、朵朵白云、高山流水等。

第三节　自杀心理及预防

每年有80万以上的人死于自杀，还有更多的人企图自杀。因此，每年有数以百万计的人经历自杀带来的丧亲之痛或受此影响。自杀在整个生命过程中都有可能发生，是 2012 年全球 15—29 岁人群的第二大死因。农民工作为弱势群体，相比于城市居民，会在工资、教育、娱乐等方面受到不公平待遇，因而遭受更大的心理压力，是自杀的易感人群。

一、自杀的心理过程和初期信号

（一）自杀的定义

自杀是指个人蓄意或自愿采取各种手段结束自己生命的行为。目前，常常能听到或看到关于自杀的报道，农民工自杀的案例也常常见诸报端。自杀不仅成为个人心理健康问题的表现，而且逐渐发展成为复杂的社会现象。

据中国心理卫生协会资料显示，自杀在中国已成为位列第五的死亡原因，仅次于心脑血管病、恶性肿瘤、呼吸系统疾病和意外死亡。而在 15—34 岁的人群中，自杀更是成为首位死因。自 2000 年以来，在中国自杀死亡人数占全部死亡人数的 3.6%，女性自杀率比男性高 25%，农村自杀率是城市的 3 倍，每年 10 万人中有 22.2 人自杀，每年约有 25 万人死于自杀，至少有 100 万人自杀未遂，相当于每 2 分钟就有 1 人自杀、8 人自杀未遂。自杀未遂者往往也造成了不同程度的功能残疾。自杀已经成为我国公共卫生领域中一个亟待解决的问题。

因此要多多了解一些与自杀有关的心理和知识，特别是自杀行为初期所表现出来的信号，对人们积极预防自杀和挽救生命都具有重要的现实意义。

（二）自杀的心理过程和初期信号

自杀不是突然发生的，它有一个发展的过程。日本学者长冈利贞指出，自杀过程一般为：产生自杀意念；下决心自杀；行为出现变化＋思考自杀的方式；选择自杀的地点与时间；采取自杀行为。对于不同年龄、不同个性、不同情境下的人，自杀过程有长有短。我国学者一般把自杀过程分为三个阶段。

1. 自杀动机或自杀观念的形成阶段

在很多自杀的案例中，自杀被自杀者当作一种逃避现实生活，或在遇到自以为难以克服的挫折和打击时使自己得到解脱的手段。如有人觉得生活无聊没有意义，便决定以自杀作为解脱的方法；有人则借自杀作为对自己因做错了事而产生的悔恨、自责、自罪心理的补偿。

2. 矛盾冲突阶段

在这一阶段，自杀者虽然已有了自杀的想法，但求生的本能和对世事的牵挂，常常使自杀者在做出最终的自杀决定前陷入生与死的矛盾冲突中。此时，自杀者会经常与人谈论与自杀有关的话题，反复预言、暗示自己自杀的可能，或者用自杀来威胁他人，表现出直接或间接的自杀意图。事实上，这一切都可以被看作是自杀者向外界发出的寻求帮助或引起注意的信号。这些信号如果能及时被周边的人觉察到，使自杀者得到适当的关注，或通过外界的帮助找到解决问题的办法，自杀者的自杀企图就有可能减轻甚至打消。而这也是自杀行为可以预防和救助的心理基础所在。

3. 自杀的平静阶段

自杀者在这一阶段似乎从所面对的问题的困扰中解脱出来了，不再谈论或暗示要自杀，抑郁情绪有所减轻，表现出像平常那样的轻松与平静，这使得周围的人以为他的心理状态真的好转，从而放松了警惕。事实上，这可能是一种彻底的假象，因为自杀者已经做出了坚决的自杀决定，不再为生与死的抉择而苦恼，认为自己终于找到了解决问题的办法。他们不再谈论或暗示自杀，甚至极力制造各方面问题已经好转的假象，只不过是为了摆脱周围的人对他自杀行为的阻碍和干预的可能，他们所要做的事情是为实施自杀进行最后的准备工作——选择自杀的方式，准备自杀的工具，如买绳子、收集安眠药等，并等待一个合适的时机来结束自己的生命。

概括起来，有自杀倾向的人，初期（自杀前数天、数星期或数月）会出现如下一些信号。

（1）谈到自己一事无成，没有希望或感到绝望。

（2）感到极度挫败、羞耻或内心愧疚。

（3）曾经写出或说出自杀的想法。

（4）谈及"死亡""离开"及在不寻常情况下说"再见"。

（5）将至爱的物品送给他人。

（6）避开朋友或亲人，不想和人沟通或希望独处。

（7）性格或仪容发生了重大的变化。

（8）做出一些失去理性或怪异的行为。

（9）情绪反复不定，由沮丧或低落变得异常平静开心。

日常生活中，如果人们发现他人有以上的一些行为表现，则要有所警惕，以挽救更多的生命。

二、自杀的预防

自杀预防，又称"自杀干预"。从大的方面来讲，对自杀者细微和早期的征兆及表现进行大众的和专门性的教育，就是要消除个人的经济紧张以及社会病态状况，保证政治上的安定，营造良好的社会环境，树立人人相助的良好氛围。从小的方面来讲，是指结合每一个危机的案例，做专门性的开导和教育工作。如在自杀事件发生之后，向自杀未遂的幸存者提供一系列的有关咨询和服务。

有关研究证实，在自杀行为出现之前，总会表现出一定的先兆，约90%的自杀者会有某种程度的紧张或异常的表现，一是语言上的，如"你们不要老是跟在我身边"；二是非语言的，如放弃了自己所珍视的财产。如果我们能及早发现这些先兆而采取某些措施，自杀事件便可以得到控制，并得到有效预防。

自杀预防主要包括七个方面。

第一，对每一个自杀事件的致死性程度进行足够的估计。

第二，充分认识绝大多数自杀者的矛盾心理，即在同一时间内既想死、又想活。这时最需要人们去营救他们。

第三，充分认识"移情"的重要作用。移情，即与自杀者一起体验、感受他所处的境遇和心情，希望的移入和他人的帮助会使自杀者重新鼓起生存的勇气。

第四，在与自杀者交流时，应逐一地了解他的心理障碍，包括挫折、孤独、无助、愤怒等，了解了问题的所在，才可采取有针对性的营救方法。

第五，在自杀者要诀别的现场，亲人、朋友要主动接近，切不可疏远回避，更不能鼓动、煽动。

第六，承诺帮助当事人解决生活中的实际问题。

第七，动员其他相关的人与当事人多多接触，这种接触是最理想的心理帮助。

第七章　农民工心理融合过程中的自我调适

第一节　积极调整心态

心态好，使人体内分泌及神经细胞都处于最佳状态，整个人就有一种积极向上的感觉。心态好的人，情绪正常，自信心足，气血流畅，精力充沛，机体免疫力强，就能有效地抵御外来疾病的困扰。但作为弱势群体，农民工却遭遇不好的待遇，从而引发不和谐心态。

一、农民工常见的不和谐心态

打工生活是清苦的，在陌生的城市打拼也是需要勇气的，但是如果农民工的性格不够阳光，无论在哪个行业工作，可能都不能处理好各方面的关系。日常生活中，不可避免地会出现一些不和谐的心态，从而影响我们的人际关系，影响生活质量。对农民工来说，打工生活中常见的不和谐心态又有哪些呢？

（一）自卑心理

有些农民工朋友由于自身的学历、语言、着装、家境等原因，在自我感知时容易产生自卑感，甚至自己瞧不起自己，缺乏自信，办事无胆量，畏首畏尾，随声附和，逐渐地失去自我。这种心理如不克服，则会磨损人的独特个性。

（二）怯懦心理

这种心理比较常见于初到城市、涉世不深、阅历尚浅、性格内向、不善言辞的农民工。他们由于性情怯懦，在工作和生活中即使自己认为正确的事，经过反复思量后，却不敢表达出来。这种心理对正常的职业交往和生活交流显然是不利的。

（三）自我封闭心理

由于从家乡来到陌生的城市，在单位里又较少和同事联系、沟通，就有农民工将自己与外界社会隔绝开来，很少或根本没有社交活动，除了必要的工作、学习、购物以外，大部分时间将自己关在住所里，不与他人来往。自我封闭的人往往都会感到孤独，甚至害怕社交活动，由于没有朋友，找不到亲密的朋友倾诉内心的世界，不知道如何解脱，因而是一种不适应环境的病态心理。有自我封闭心理的人在生活、事业上遭到挫折与打击后，精神上受到压抑，对周围环境逐渐变得敏感，变得不可接受，于是出现回避社交的行为。学会接受和鼓励自己是消除自我封闭心理的首要条件，应当乐于接受自己，克服孤独感，开放自我，既要了解他人，又要让他人了解自己，在工作和社会交往中确认自己的价值，做生活的强者。

（四）孤傲心理

有些人可能会因为不善于与别人交流，给别人一种孤傲与冷漠的感觉。有些人觉得各种事情只要与自己没有干系，就不闻不问，冷漠对待，或者错误地认为言语尖刻、态度孤傲、高视阔步就是"性格"，致使别人不敢接近自己，从而失去一些同事的帮助。

（五）猜疑心理

喜欢猜疑别人的人在工作过程中或者托朋友办事时，往往不知不觉地用不信任的目光来审视对方，无端猜疑，捕风捉影，说三道四。如有些人托朋友办事，却又向其他人打听朋友办事时说了些什么，结果影响了朋友之间的关系。

（六）吝啬与自私心理

吝啬俗称"小气"，是一种有能力资助或帮助他人却不肯付出行动的行为。这种人一般比较自私、冷漠，较少有知心朋友，缺乏社会责任感，对社会、他人乃至亲属不负责任，或者只站在狭隘的立场来看待自己的责任与义务，"事不关己、高高挂起"。人活在世，需要钱，但更需要亲情与友谊。

自私是一种本能的欲望，根植于一个人的内心深处，它不考虑社会历史条件的要求，是一种只想满足自己的各种私欲的心态。从客观方面来讲，社会资源分配方式的不平衡，导致一些人利用手头的方便牟取私利。而个人的价值取向指向自我时，就会产生自私心理。自私心理不利于工作和交往，我们应多为他人想一想，"我为人人，人人为我"，方能达到人性的飞跃。

二、根据进城务工需要积极调整心态

从农村到城市，生活方式大不一样。要想更好地融入城市的生活、学习和工作之中，就必须打开自己的心扉，调整好自己的心态，遵守城市生活规则，养成良好的礼仪、卫生习惯。做好了这些，才能更快地适应城市生活。

（一）沟通从心开始，建立良好的社会关系

离开家乡到城市里打工生活，每个人都能体验到艰辛和不易，而人是无法脱离社会而独自存在的，因此，对每个农民工朋友来说，建立良好的社会关系就显得相当重要了。在生活中，要用真心去结交几个知心朋友；在工作中，要和同事建立良好的协作关系，要与同事经常进行思想和情感交流，工作中有不同意见也要坦率真诚地讲出来，建立彼此信任的人际关系。还有，在城里务工免不了要面对许多陌生人，并要与他们打交道，如果没有良好的沟通能力，就不能让别人认识和了解自己，没办法交朋友，甚至影响正常的生活和工作。因此，必须具有一定的沟通能力。

（二）锻炼自己，战胜自我

进城务工往往会遇到各种各样的挫折，挫折会引起人们的自卑感、怯懦感，甚至对抗心理。这些不良心理不仅影响自己的工作和生活，也会影响身心健康。因此，在进城务工之前，要做好吃苦受累和战胜各种困难的心理准备，在打工生活中不断锻炼自己，克服自卑，提高心理素质，增强自信和勇气。要有这样的信念：城里人可以做好的事情，进城的我们同样可以做好。要抛弃低人一等的心态，勇于面对困难，充满自信地迎接新的工作挑战。

（三）敬业爱岗

敬业就是用一种恭敬严肃的态度来对待自己的职业，对自己的工作专心、认真、负责。爱岗敬业的基本要求是树立"干一行，爱一行"的思想。"三百六十行，行行出状元"，每个行业都是服务社会的途径，每个岗位都是个人发展的起点。爱岗敬业要贯穿于工作的每一天。随着社会的发展，一个人一生可能会有很多次的岗位变动，但是，无论在什么岗位上，只要在岗一天，就应当认真负责地工作一天。只有全身心地投入到工作中去，才能真正感受到工作的快乐。

（四）主动调适工作的心态，从工作中获得更多的乐趣

对于大多数农民工朋友来说，找到工作是在城市里生存的第一步。所以，

在确定了工作单位后要安下心来，尽快熟悉、适应周围的环境。城市里的就业竞争、人际竞争以及生存竞争等十分激烈，找到一份工作不容易，确立良好的同伴关系也不容易，要珍惜就业机会和身边爱自己的每个人。要尽快融入本职工作中，要在工作中边干边学，细心观察，多想多问，虚心求教，积累经验。只要做个有心人，善于学习，就能很快掌握工作要领，圆满地完成工作任务。

（五）学会正确认识自己

城市务工生活十分贫苦，也很煎熬每个人的身心，但是，每个人都要在内心多多问问自己，"我是谁？""我能干什么？""我在社会中处于什么样的位置？""怎样做才是我该做的？"等许多问题。只有正确认识自己，才能理清与他人、与社会的关系，也才能建构起良好的社会交往平台，他人才会愿意与我们深入交流与沟通。学会取长补短，以他人之长，补自己之短，才能更快地进步，也才能与同事建立起更加和谐的关系。心理健康建立在我们对自己的正确认识的基础上，认识自己，任重而道远。

（六）理解和宽容

应该说世界上的每个人都有他的可爱之处，大家能相会到一起很难得，要学会珍惜彼此，要学会爱身边值得珍惜的人，相互理解。要多体谅他人的想法和感受，尊重他人的决定和行为，工作伙伴间发生矛盾时要正确处理。要能真正站在对方的立场，好好体会他人的感受。当我们能理解和接受别人之后，自己自然有了宽广的胸怀，这样就能以积极的心态去面对所有的困难和挑战了。什么生活的困苦，什么人生的挫折，什么失败和痛苦，什么误解都可以被宽广的胸怀所包容。当然，要做到理解和宽容，还需要我们在生活中不断地历练、不断地成长。

三、调整心理，适应城市生活

农民工进入城市后，要积极想办法主动融入城市社会。一方面农民工自身要积极做出调适，正面地认识和评价城市居民和所工作居住的城市，并为自己将来成为市民而做各种准备。另一方面，对于城市居民和城市政府来说，承接农民工融入城市社会，是城市经济社会发展必须面对和解决的现实任务。那么从农民工自身的角度出发，如何在心态上调适自己，尽快地适应城市的生活呢？

（一）不断学习，提高自己

学习是人们为适应环境首先必须要做的，农民工在城市里需要学习的东西很多很多。既要学习知识，如通过自学、成人教育或职业培训，提高就业技能，提升文化水平；又要学习新型的人际关系，学习城市生活规则；还要学习法律法规，如交通法规、社会管理政策等；以及学习如何保护自己等。还有，农民工要知道，适应城市的最表面的层次是在行为方式、外在形象上，如言谈举止与衣着服饰上模仿城市居民。但更深层次的是在观念上，认识上的"与城俱进"，而要实现彻底的融入城市，需要的是大量的、持续不断的学习。

（二）结交朋友，适应生活

结交新的朋友，建立新的人际交往系统，是我们进入城市后要继续学习的一部分内容。农民工不能适应城市的一个非常重要的因素，是农民工身份不被认同，这也是农民工与居民平等交往的障碍。我们要认识到这一点，并要学习新的人际交往的方法。通过与城市居民的交往和沟通，使得自己在生活方式、思想观念上被城市社会逐渐认同并接受，进而实现向现代城市居民的转变，成为未来公民社会的城市公民。在工作中，农民工与同事中的城市居民会有交往，但那仅仅是因为工作关系，范围小，程度浅。当然，工作关系是我们与居民进行更广范围和更深程度的交往的纽带。随着进城时间的延长，交往的深入，我们需要与更多的居民交往。

（三）丰富生活，充实精神

农民进城务工，不仅是因为可以获得较高的经济收入，更是因为城市里丰富多彩的文化生活。但是，大多数农民工工作之余的主要休闲方式仅为看电视、玩棋牌、睡觉等，这说明农民工在业余时间与城市居民的交往很少甚至几乎没有交往。没有交往和沟通，就没有真正适应城市。主动融入城市社会的农民工，在休闲娱乐方面会更多地接近城市生活方式，比如，参与同事或与客户间的饭局或应酬；参加看电影、看演唱会和听音乐会等活动；去歌厅、舞厅、酒吧、夜总会等消费性的娱乐场所放松或到公园、市民广场娱乐，以及到健身房健身等。物质生活提高了，精神生活也不应该被忽视，每个农民工要根据自己的实际情况，做出调整，丰富自己的文化生活，充实自己的精神生活，主动融入城市社会之中。

（四）保护自己，安全生活

城市里生活丰富复杂，种类多样，有一些会给我们的生活带来冲击和影响，因此要学会好好保护自己。比如有病了就要就医，不要忽视小病，也不可病急乱投医，要听从医生嘱咐；到银行存取款也要注意安全，留意一些诈骗手法，谨防上当受骗；要记住一些常用的求救电话，如火警（119）、交通事故报警（122）、匪警（110）、医疗救护（120）等；要时刻注意防火安全，提高防火意识，了解防火自救的办法；注意安全用电，避免用电事故；预防煤气中毒；要注意交通安全；要远离艾滋病，重视预防传染病；洁身自爱，遵守性道德，避免不必要的输血和注射，远离毒品；如果不幸感染了性病，要及时、规范地治疗。还有，要注意工作过程中的安全注意事项，防止出现工伤或意外的事故。安全生产，才能快乐生活。

（五）形成良好的生活习惯

遵守日常行为规范，养成良好的生活习惯，对树立农民工整体的良好形象非常重要，也很有必要。这些行为规范和生活习惯主要有买东西或买票要排队，不要拥挤和插队；要有时间观念，干什么都要严格遵守时间；不要随地吐痰、乱扔垃圾，要保持环境清洁；自觉爱护公共财物，爱护树木、花草、爱护电话亭、地下管道、垃圾箱等一切公共设施；注意文明礼貌，穿戴得体，举止得当，不要有不雅的行为；注意讲究卫生，饭前便后都要洗手，饭后不要马上干重活；合理安排饮食，不要暴饮暴食，不要酗酒；注意使用文明用语，如"您好""谢谢""对不起"等。

农民工在完成找工作、生活安置、经济收入有所保障及交往深入等对城市的适应后，最后一个适应是社会心理上的认同。这也是最难的适应过程，这与我们自身掌握的城市社会知识多少、对城市社会的认识正确与否有关，表现在与城市居民的交往是否融洽和城市居民的认同上。

四、合理排遣思乡之苦

进城务工，时间一长，就会想家，这是初次进城务工的人必然会遇到的问题。有的农民工在外打工，几年都没有回家，还有，在遇到挫折时更容易想家。出门在外，磕磕碰碰的事情难免会发生，比如暂时找不到活干、受到领班的训斥、与工友发生摩擦、感冒发烧身体不适等，每当这时，可能情绪会变得低落，心里苦闷，想家之情也就由此产生。在这种情况下，往往有些农民工一时冲动，返回家乡，看到家乡依旧，心情舒畅之后，再回到务工的地方。有人因想家而经常往返于家乡和务工地，这样做，不仅会丢了工作，而且会把在外辛苦挣的钱白白浪费在旅途中。所以，在想回家的时候，一定要"三思而后行"。想家了，想家里人了，怎样缓解思乡之苦呢？

（一）带上家人的照片或信物

想家时，可以看看随身携带的家人的照片，想想他们都在干什么，心里就会感到舒服些。心里清楚，一切辛苦都是为了孩子，为了家人，为了幸福的家庭生活，自己就会浑身充满努力工作的能量。

（二）定期和家人联系

现代社会通信技术日益发达，许多农民工都有手机，家里安装电话也较为普遍，在想念家人的时候，可以每个月定期给他们打个电话，问候一下，跟家里人说说话，心情就会慢慢好起来。还可以给家里人写信，将自己的想家之情都诉说出来。

（三）适当结交当地的朋友

在城镇打工，要注意交朋友。孤独寂寞烦恼的时候，可以找朋友倾诉，朋友也可以帮你排忧解难。有条件的话，可以参加所在企业举办的联谊会、老乡会，和一起务工的朋友多多交流。也可以借助社区等服务机构，参加一些服务活动，来排遣自己的思乡之情。

（四）借助工作来抒发自己的想念之情

工作可以使人们暂时忘却一些情感上的苦痛，而思乡之情，也可以使人们产生工作的能量。把思乡之情转化成学习的动力，转化成工作的能量，未尝不是一件好事。

第二节　培育积极的情绪

积极情绪是指个体由于体内外刺激、事件满足个体需要而产生的伴有愉悦感受的情绪。积极情绪能够激活一般的行动倾向，对于认知具有启动和扩展效应，能够建设个体的资源，撤销消极情绪产生的激活水平，能够促进组织绩效。积极情绪是心理健康的重要组成部分，同时可以促进身体健康。积极情绪对于个体的适应具有广泛的功能意义。

一、积极的情绪调适

人是情绪化的动物，现实生活中，人们常常受到不良情绪的影响，比如被别人激怒，朝别人生气、发火。生气时，我们还是要想办法克制住。但问题是，有时面对一触即发的紧张气氛，想努力缓和，营造出轻松的环境比较困难，而且，如果做的不合适，会适得其反。美国心理学家研究发现，人在遇到气愤的事时，7—10秒的时间里，心跳会加速——心跳加快是最明显的表现，呼吸频率也会加快，血液会大量地流向肌肉，血压上升，身体也开始紧张……然后我们就会开始发怒——这个时候我们又该怎样使自己平静呢?

(一) 纠正认识上的误区

我们要控制那些非理性(错误)的观念,它会导致我们头脑中的映像模糊,使我们丧失判断力和分析能力,也更容易对他人发怒。常见的认识上的误区有以下几个方面。

第一,武断,因一个负面因素而忽视其他的正面因素。

第二,"超概括性",就是以一个人的特点来概括一群人,因为一个错误而否定了全部,这样矛盾就被扩大化了。

第三,主观臆断,就是纯粹从自己的角度出发来衡量其他人的行为,比如某同事迟到了,就认为他肯定是什么原因,而且这个原因,根本就是他本人造成的,丝毫不考虑实际情况。

(二) 耐心倾听

完全投入地倾听来自别人的观点,要注意控制自己的身体举动。看着对方的眼睛,跟着对方说话的节奏,这能帮助我们找到彼此之间的分歧所在。耐心倾听是为了掌握正确的信息,比如,一个很重要的会议,对方却迟到了很久,如果一见到他,不问"三七二十一",就愤怒地指责对方,争吵很可能由此爆发。如果我们先给他一个解释的机会,也许结果会有所不同。站在他的角度考虑,也许他一路上遇到了特殊情况,也是心急如焚呢?

(三) 批评要讲究艺术

人和人之间的很多冲突源自不当的批评,所以要控制自己的脾气,给对方建设性的意见,而不是给他"上一课"。针对问题,就事论事,不针对具体的个人,很多情况下,人与人之间的观点不同,但这并不是不可调和的。通过交流就会发现双方都是为了把工作做好,只不过出发点和角度不同而已。实际上,任何人都不希望别人对他说:"你就是这样的一个货色,没救了。"强硬的建议通常会伤害别人,使他产生抵触心理,无法建立友好的关系,受挫的一方还可能会产生报复心理。

(四) 建立非对抗的关系

"非对抗的关系"是指交往的双方以平和、友好的态度来处理问题,向减少彼此之间矛盾和焦虑的方向努力。压住心中怒气之后,避免正面冲突,可以等双方都冷静后再次尝试交流。可以用以上这些方法来应对即将发作的脾气,当然它们未必立刻生效,但如果农民工多使用这些方法来处理矛盾,或者试着用这些方法与人交往,当面临突如其来的冲突时,这些平时的训练就可能发挥良好的效用。

二、乐观心态的培养

乐观是指人精神愉快，对事物发展充满信心。乐观的心理对每个人正确处理生活事务、建立良好的人际关系、提升生活的幸福感等都有重要的意义。农民工由于各种各样的原因，会碰到更多的生活和工作上的困扰和问题，而令个人的生活质量下降。因此，要好好地调适自己的心态，保持乐观心理。

（一）善于人际交往

良好的人际关系，本身就会使一个人变得乐观愉快。孤僻的人、不善交往的人，往往很难体验到快乐，因为他们缺乏与人的沟通，不能理解和信任别人，缺少友谊。当他们有苦恼时，没处诉说，于是只好憋在心里，从而就会感到不快乐。在外务工，家乡的亲人、朋友都不在身边，因此需要在新的城市尽快发展新的社会关系。农民工要多多学习新的人际交往的方法，掌握人际交往的艺术，在人际交往中体会生活的乐趣。

（二）参加有益的娱乐活动

娱乐活动会使人产生参与的乐趣，例如打牌、游戏、运动等，这会使我们的心情时常保持一种积极的状态，在这些活动中，也可结交很多朋友，甚至会结交一些志同道合的挚友。通过参加这些活动，也能陶冶自己的情操，当自己遇烦心事苦闷时，还能转移心情和注意力。

（三）学会爱别人，积极去帮助他人

在和他人的交往过程中，向别人显示你的爱心，并把爱心传给别人。有些自卑、孤僻的农民工，他们与乐观绝缘，因为他们时常处于封闭状态，不愿与他人交往，也谈不上爱别人，去帮助别人。一个人若不愿与人交往，久而久之，别人也会越来越疏远你，这时，就会孤独，就会感到不快乐。相反，如果农民工时常主动去帮助别人，一方面能得到他人的感激和肯定；另一方面，也能体现自己的价值，别人也愿与自己交往，这时农民工就会感到自己是一个快乐的人。

（四）宽容待人

在现实生活中，我们常碰到这样一些人，他们总说自己情绪不稳定，别人总是与自己过不去，自己总在想办法对付这样的人等。其实，在生活和人际交往中，难免会磕磕碰碰，遇到这样的事时，人要宽容，大事化小，小事化了。俗话说"人敬我一尺，我敬人一丈"，对于宽容，大多数人是会接受并且愿意与你同行的。你若不能容忍，以暴制暴，以恶对恶，如此则一报还

理
论
篇

一报，永远没完没了，谁也不会感到快乐。因此，对人要宽容。

（五）知足常乐

人生需要目标，既需要有大目标（个人的理想），也需要小目标（近日的工作和生活计划）。每个人的目标不要定得太高，难以实现的目标往往会导致失望，甚至悲观。不要总是盯着遥不可及的大目标不放，每个人都要学会知足，小事情也可以成就人生事业，很多劳模、英雄，他们并没有惊天动地的事迹，都是做很平凡的小事，然而，平凡孕育着不平凡，正是这些小事，才使他们获得了成功。在制定目标及实现过程中，人要知足常乐。

虽然理论上谈论这些很容易，但是面对不积极的心态就等于面对魔障。负面的心态是一个人在生活中、生存里积累的一种长期障碍、阻碍。想消除这些负面情绪的影响那基本是不可能的，唯一可能的就是尽量使自己在生活中遏止、避免这些不必要的情绪影响。

三、克服与防范自卑心理

自卑是一种消极的心理，自卑感是人们对自己能力和品质评价偏低的一种消极情感。广大农民工，由于受身处他乡、工作地位较低、经济收入少、文化程度不高、见过的世面较少等因素影响，普遍存在自卑心理。自卑心理的产生，往往不是由于认识上的原因，而是感觉、情感方面的差异。很多人用"我应该如此这般""我应该像某人一样"等来评价自己，滋生烦恼和自卑，使自己更加抑郁和自责。

自卑是人生成功之大敌。自古以来，多少人因自卑而深深苦恼，多少人苦苦寻找克服自卑的方法。下面介绍一些克服自卑的心理调适方法，希望能对广大农民工摆脱自卑，走向自信提供些帮助。

（一）客观分析自我

分析引起自卑的根本原因，找出对策。如果仅仅是因为自己"相貌平常""身材矮小"或"家里缺钱"而自卑，那你在这个注重才能的时代就落伍了。如果是由于学习、交往等各方面能力的不足，与其垂头丧气、自暴自弃，不如为自己制订可行的计划，奋起直追。

（二）积极的自我暗示

要积极鼓励自我，通过自我观察和他人评价发掘自己的优点，经常对自己做"通过这一阶段的努力，我这次任务一定能顺利完成""虽然我个子矮，但我的工作能力是我们小组里最好的""自信使我看上去更加受人欢迎"这一类的暗示，对增加自信心会很有帮助。

（三）勇于面对缺点

自卑感强的人往往担心自己的缺点被别人知道，因而常常掩饰或否认，其结果捍卫的是虚假的、脆弱的自我。俗话说"金无足赤，人无完人"，存在缺点和不足不是丢人的事，人就是在承认缺点、改正错误的过程中成长进步的。因此，要学会坦然地面对。

（四）正视别人

眼睛是心灵的窗口，一个人的眼神可以折射出性格，透露出情感，传递出微妙的信息。人际交往的时候不敢正视别人，意味着自卑、胆怯、恐惧；躲避别人的眼神，则表明他有阴暗、不坦荡的心态。正视别人等于告诉对方"我是诚实的，光明正大的。我非常、非常地尊重你、喜欢你！"因此，正视别人，是积极心态的反映，是自信的象征，更是个人魅力的展示。

（五）昂首挺胸，快步行走

许多心理学家认为，人们行走的姿势、步伐与其心理状态有一定关系。懒散的姿势、缓慢的步伐是情绪低落的表现，反映的是自己对工作以及对别人的不愉快感受。如果仔细观察就会发现，身体的动作是心理活动的结果。那些遭受打击、被排斥的人，走路都垂头丧气，缺乏自信。反过来，通过改变行走的姿势与速度，有助于心境的调整。要表现出高度的自信心，走起路来应该比一般人快。将走路速度加快，就仿佛告诉整个世界："我要到一个重要的地方，去做很重要的事情。"步伐轻快敏捷，身姿昂首挺胸，会给人带来明朗的心境，会使自卑逃遁，自信滋生。

（六）学会微笑

大部分人都知道笑能给人自信，它还是医治信心不足的良药。但是仍有许多人不相信这一套，因为在他们面对困难和问题时，从来不笑一下。真正的笑不但能改变我们的不良情绪，还能有效化解别人的敌对情绪。如果我们真诚地向别人开心微笑，别人就会对我们产生好感，这种好感也可以使我们充满自信。正如一首诗所说："微笑是疲倦者的休息，沮丧者的白天，悲伤者的阳光，大自然的最佳营养。"

（七）用补偿心理超越自卑

补偿心理是一种心理适应机制，个体在适应社会的过程中总有一些偏差，为求得到补偿。从心理学上看，这种补偿其实就是一种"移位"，即为克服自己生理上的缺陷或心理上的自卑，而发展自己其他方面的长处、优势，赶上或超过他人的一种心理适应机制。正是这一心理机制的作用，自卑感就成了许多成功人士成功的动力。一个人"生理缺陷"的感觉越强，则他们的自

理
论
篇

卑感也越强，寻求补偿的愿望就越大，成就大业的本钱就越多。比如美国总统林肯，不仅是私生子，出生微贱，而且面貌丑陋，言谈举止没有风度，他对自己的这些缺陷十分敏感。为了补偿这些缺陷，他力求从教育方面来汲取力量，拼命地学习以克服早期的知识贫乏和孤陋寡闻的弊病。他在烛光、灯光、水光前读书，尽管眼眶越陷越深，但知识的营养却对自身的缺陷做了全面补偿。他最终摆脱了自卑，并成为有杰出贡献的美国总统。

（八）用乐观态度面对失败

面对挫折和失败，只有保持乐观积极的心态，才是正确的选择。第一，做到坚忍不拔，不因暂时的挫折而放弃追求；第二，注意调整预定的目标，降低对自己的期望值，立足现实及时改变策略；第三，用"局部成功"的方法来激励自己。"局部成功"即不能取得整体的成功时，先做好一些小事情，一步一步来接近成功；第四，采用自我心理调适法，提高心理承受能力。

（九）用实际行动建立自信

征服畏惧，战胜自卑，不能夸夸其谈，单纯幻想，而必须付诸实践，见于行动。建立自信最快、最有效的方法，就是去做自己害怕的事，直到获得成功。

（十）积极防范自卑心理

第一，对于自身存在的问题，采取视而不见的态度，否认自己有什么不快乐，拒绝同情和怜悯。由于心境有扩散作用，有点悲伤就有可能导致精神全线崩溃。因此，有小问题不要轻易流眼泪。不管别人用什么眼光看你，也不管别人怎么议论自己，都要泰然自若。

第二，可以尝试找一个让你崇敬的长者或知心朋友，向别人倾诉自己的内心世界，不要让忧伤和苦闷长期郁积在胸。这样做了，心胸会顿感轻松、舒畅，自信心也必然会不断提高。

第三，如果你是一个疑心重、忌讳多的人，应该采取渐进的脱敏疗法，逐步把这种不良心理加以消除。例如，你若原来不愿意参加公共场所的活动，不敢接触同龄异性，就下决心多参加社交活动，主动跟异性说话，这样随着接触次数的增加，你就会慢慢地由不适变为适应。

第四，把保尔·柯察金等一类的人当作模仿的对象，自强不息，认定自己同他们一样，坚定不移地去追求真、善、美，去求得事业的最大成功，以此让别人对自己刮目相看。这样，必然会增强自己的信念，提高自己在别人心目中的地位，使生活出现新的生机。

第五，对于某些人的歹意，需以相反的态度去抵制。他（她）用轻蔑的眼光看我们，我们也以同样的目光回报他。他讥笑我们长得难看，我们也可讥笑他心灵空虚、胸无点墨，只不过是"绣花枕头"而已。

第三节　合理安排业余文化生活

毋庸置疑，如果一个工厂员工业余文化生活极度匮乏，那么这个工厂必将是一个机械管理、复制机械思想的工厂。这样的工厂，会失去长足发展的生命力，会局限工厂的发展空间。员工在一个没有一丝业余文化生活的工作环境中待久了，就会出现思想混沌、精神压抑的状况，无形中给工厂的和谐、持续发展埋下隐患。因此农民工要合理安排业余文化生活。

一、合理安排业余文化生活

农民工在城市里打工，大多数工作时间都处于忙碌状态，感受到较大的压力，很多时候会觉得生活很空虚。有些人在务工之余，就聚在一起闲聊闲逛，胡乱看一些视频，甚至聚众赌博，这样的业余生活，对我们一点好处都没有。那么，务工之余，应该干些什么呢？怎样才能有助于在工作之余调适农民工的身心健康呢？

（一）继续学习

农民工想在城市里站住脚，自己掌握自己的命运，只能通过不断的学习，提高自己的知识水平，掌握更多的技能。学习是我们立身社会、立足城市的本钱，要树立这样的理念："知识改变命运，教育点亮人生。"农民工可以学习的方面包括政治、经济、新闻、文化、娱乐、体育、科技、教育等，只要书本承载着知识，都可以涉猎。报纸、杂志、电台、书籍等都应该成为日常生活好伙伴，《读者》《青年文摘》《幽默大师》《意林》《知音》《故事会》等杂志都是读书的好选择。

（二）多多结交朋友

俗话说"在家靠父母，出门靠朋友"，一个人在外，还要注意交朋友，周围的同事、邻居、房东等，所有帮助过自己的人，自己也要主动帮助他们，体谅他们的难处，做一些自己力所能及的事。还可以跟朋友多交流交流工作的经验和体会，互相学习，共同进步。

理论篇

（三）正当的休闲生活

休闲生活是紧张工作的加油站，在紧张工作之余可以缓解压力，因此农民工要好好安排自己的休闲生活。可以在业余时间整理内务、搞卫生、看电视；可以和同伴、朋友、同事、工友相约上街逛商店、购物、聊天；可以到公园、游乐场游玩，沉醉春秋美景，陶冶性情、情操，体验工作之余的轻松与快乐；可以听听音乐，舒心地睡个懒觉；还可以适当到网吧，适当玩玩网络游戏，或者上网了解国内外大事。要想办法让自己的业余生活变得充实而快乐。

（四）避免不良的生活习惯

在外务工，生活是贫苦的，但精神世界要丰富起来，要谨记下面的几种生活习惯是应当避免的。

第一，黄赌毒。赌博的人十有八九都输，而且输得一干二净，甚至家破人亡，赌台好上不好下，千万不要靠近它。黄色书刊、黄色录像、黄色娱乐场所等，都是我们国家法律明令禁止的，一旦违反，就要负法律责任。也要远离毒品，任何形式的买卖毒品和吸毒都是犯罪行为。黄赌毒会毁掉人的一生，在任何情况下都要远离它们。

第二，睡懒觉。在外打工确实很辛苦，有的人工作很累，所以业余时间就拼命地睡觉，什么事情都懒得想，这也是不利于身心健康的。我们主张业余时间适当的休息，但睡懒觉容易消磨人的意志和进取心，还对身体有害，因此也应该尽量调整。

第三，不与外界交往。有的务工者只与老乡或者小圈子的几个人交往，不愿意结交更多的人，这样不利于身心的健康发展。因为这样会阻碍你扩大视野，增长见识，会限制你的思路，影响你的前途，也会减少生活的乐趣。所以应该敞开心灵，去接触来自各地的朋友。

第四，拉帮结派。在城里务工，老乡来往较多，但是如果为了狭隘的利益拉帮结派，这样会给公司、工厂的管理带来麻烦，也容易引发打架事件，危害社会治安。所以不要拉帮结派，要学会和每个人和睦相处。

二、培养健康的网络心理

常有听说，中学生或大学生因为玩网络游戏，沉溺网络世界而不能自拔的案例。实际上，农民工，特别是新生代农民工，也是网络的经常使用者，因此必须讲究健康的网络心理。据某南方报纸报道，有个年轻的农民工在网吧一待就是 15 个昼夜，玩在网吧、吃在网吧、睡在网吧。当然，钱也花去不少，工资不够用，就向朋友借，东凑西挪，弄得大家都不再相信他。还有一位年轻的女性农民工，由于迷恋上网聊天而放弃工作，和一位远在千里之外的网友见面，结果是一去就再也没有回来了……发生这样的悲剧，总让人唏嘘不已，难以理解。

许多农民工，特别是新生代农民工，由于在城市里的业余文化生活相对贫乏，常常会三五成群来到网吧，在虚拟的网络世界里遨游，在网络世界里寻找自己的情感寄托，借助上网来纾解内心的压抑，填补内心的空虚。使用网络实际上并无大问题，但错误使用网络、长时间上网、熬夜上网、沉溺网络游戏等不良网络行为，则会导致农民工的业余文化生活不但没有得到丰富，反而会更加枯燥、空虚和无聊，甚至产生其他的社会问题。那么农民工如何正确使用网络才能促进自身的心理健康呢？

（一）正确认识网络

每个农民工都要认识到，网络技术日益发达的今天，网络已经逐渐成为我们生活的一个重要组成部分。网络世界因为它广阔无边、网络信息可跨区域、可随意共享等特点，给人们的生活带来了巨大的便利，使人们足不出户便可通晓天下大事，人们还可以借助网络实现一些常规交往不能实现的沟通。但网络是一把"双刃剑"，对于每个人来说，网络是知识的宝库，是人们学习的另一种方式，它使人们得到经验的成长，但是如果不合理使用网络也会带来沉迷网络、陷入网络骗局等种种危害，对于那些没有辨别力、没有鉴赏力、更没有抵抗力的人来讲，要正确使用网络就显得更加重要了。

（二）养成良好的上网习惯

第一，明确上网目的，合理安排时间，注意上网的安全。上网之前要明确自己上网为了什么，要有选择地浏览自己所需要的内容，不宜漫无目的上网。在网上与朋友交谈或发信件时，要保持礼貌和良好的态度。不要随意在网络上透露自己的电话、地址和图片等信息。更不要随意约会网友。对于不明的邮件，一律删除。最重要的是要控制好上网时间，在上网之前给自己限定一个时间，不宜时间过长，应保持正常的生活、工作、学习规律，合理安排好自己的日常生活；另外，由于坐的时间过长，也会对健康不利，因此不可忽视自己的身心健康，以免得不偿失，即使是谈得比较投机，也要保持基本的警惕心理，要有充分的自我保护的意识。除去工作需要以外，以一天上网时间不超过1—2小时为宜。

第二，把网络游戏作为一种短时的娱乐消遣，远离不良信息的侵蚀，增强自身的自控能力和抵抗能力。

第三，一定要注意保持正常而规律的生活，不要把上网作为逃避现实生活问题和宣泄消极情绪的工具。上网过程中应保持平静心态，消除猎奇心理，不要过分投入。

（三）掌握与他人交流和沟通的技能

有些农民工由于性格内向、个性狭隘，缺乏与他人的正常沟通，常常会借助网络世界来寄托和抒发自己的感情，若长时间如此，就会产生负面影响。因此，农民工在人际关系中的沟通能力需要得到加强。当我们在现实生活中感到处处不和谐，而想逃避到网络中去的时候，就要经常与周围的人多沟通，努力与各方面建立良好的关系，否则便会沉迷网络世界，逃避交流，不能自拔。

（四）培养其他的兴趣爱好

由于现实生活中，工作单位、社区所提供的教育、交往和娱乐的内容很难满足农民工的精神需要，因此，在这些方面，农民工自己要学会安排好自己的业余文化生活，对自己的闲暇时间予以合理安排。另外，还要培养自己良好的个人爱好、兴趣，还可以多多参加体育锻炼，如跑步、篮球、爬山等等，扩大自己的业余活动空间，使网络游戏不再是业余时间的第一选择。

实 证 篇

第八章 城市农民工生存与发展状况调查研究
——以浙江省温州市为例

一、问题提出

农民工是中国工业化、城市化与农村人口非农化未取得同步发展的历史条件下产生的特殊群体[1]，据国家统计局[2]发布的公告显示，2015年中国农民工总量达2.77亿，其中外出农民工1.68亿人。数量庞大的农民工在城市里打拼，他们或经商，或务工，或自主创业，已逐渐渗透、融入城市的每一个角落，为城市的发展提供了丰富的劳动力，推动了城市社会经济的发展。[3][4]农民工是中国经济社会发展转型时期出现的特殊群体，其生存与发展问题始终令人关注。温州是我国改革开放和市场经济发展的前沿阵地，吸引了大批来自中西部欠发达地区的务工人员。据温州市农民工服务管理局报告，2014年温州全市登记在册市外流入人口达291.29万。[5]温州市农民工的生存与发展状况，可以被看作是我国城市农民工现状的缩影。

对城市农民工的生存与发展状况进行全面、深入的调查，是制定一系列政策、制度的前提和基础，是促进农民工市民化进程的基本要求，同时也是开展面向农民工的管理与服务工作的现实要求。为深入了解农民工在城市的工作生活状况，及时掌握需求动态，本研究以温州为例开展城市农民工生存与发展状况调查。

二、研究方法与对象

本研究采用自编问卷的方式对温州市农民工进行无记名问卷调查。自编问卷涉及农民工的人口流动形式、社会融合、工作、参加社保、维权方式、

实证篇

市民化意愿、薪酬期望及生活满意度等问题，另外还设计了一组关于新生代农民工的调查题目（如受教育程度、消费观念、薪资期望、工作等）。在温州市 11 个县（市、区）及经济技术开发区选取 50 家企业，以整群随机抽样的方式发放调查问卷 1500 份，收回 1475 份。剔除明显敷衍与严重回答缺失的问卷，获得有效问卷 1412 份，有效率为 95.7%。样本分布：男性 732 人（51.8%），女性人 680 人（48.2%）；1980 年以后出生的新生代农民工 726 人（51.4%），老一代农民工 686 人（48.6%）。

调查所得结果用 SPSS 20.0 进行处理。

三、结果与分析

（一）人口流动模式趋稳定

调查发现，41.6% 的农民工为单独一人来温务工，另外 58.4% 的农民工携家人一起进城务工。携家人出行的农民工中，72.8% 为携带 2—3 人出行，平均携家出行人数为 3.01 人，其中儿童 0.87 人。由此可见，当前进城务工人员的人口流动逐渐由单身、候鸟式流动向家庭、迁徙式转变，家庭式流入逐渐成为发展的趋势，为促进农民工的市民化进程提供了家庭结构的基础。

（二）长期居住意愿有所增强

在问及"是否愿意长期在温州居住生活"时，54.1% 的农民工表示"愿意"，主要原因是："工资高、待遇好"（32.1%）、"已习惯居住地生活、不愿离开"（24.5%）、"子女就学条件好"（18.5%）、"就业容易"（14.3%）等；而不愿在温州长期居住的原因主要是："生活成本高"（35.2%）、"房价太高"（30.4%）、"家中老人需要照顾"（22.7%）等原因。由此可见，农民工市民化的道路任重而道远。

（三）社会融合的提升空间较大

由于城乡二元机制及政策因素的制约，农民工往往游离在主流社会的边缘，形成"相对封闭、自我卷入"的生活方式[6]，农民工的关系认同存在一定的偏差。调查发现，大部分农民工（81.5%）认为城市居民"很友好、比较亲近"，但还有 18.5% 农民工受访者表示"被城里人看不起、被排斥"。城市居民对农民工的排斥原因有很多，部分农民工素质相对较低，直接影响了城市居民对他们的认可和接纳。这种排斥会使农民工产生失落或抗拒情绪，容易诱使矛盾激化。

调查还发现农民工的社会交往局限性特征明显：社交范围小，人际关系简单，绝大多数（53.2%）农民工人际关系是基于血缘、地缘关系建立起来的，平时大多与身边的同事、朋友或老乡交往，很少与本地人或邻居沟通，对居住地始终保持一种"陌生人"的感觉。调查发现，只有22.6%的农民工"经常与本地居民交往"，24.2%的农民工坦言"不喜欢与本地人交往"，形成了自我隔离状况，主动疏远了流入地的主流社会和文化，社会关系的内向性、乡土性特征很明显。

（四）职业生存状况一般，超时现象客观存在

本次调查中，农民工报告平均每月工作27.24天，平均每天工作时间9.44小时，高于浙江省人社厅制定的基本工作小时数（每周40小时）[7]，平均月收入3222元，高于全国农民工平均月收入2864元[8]的水平。由调查可知，温州市农民工中，超时工作现象客观存在。用人单位应注意在加班前做好沟通工作，做到知情同意，并严格按照《中华人民共和国劳动合同法》相关要求及时足额支付超时工资报酬。

相比实际每月3222元的工资收入，部分农民工存在较高薪酬预期的心理。本次调查中，新生代农民工报告的期望薪酬为每月4622元，老一代农民工报告的期望薪酬是3856元，都明显高于当前农民工的实际工资水平。工资收入既是职场人士生存发展的基本保障，同时也是他们自身价值获得社会认可的重要指标。这种高心理预期与现实之间的落差，将导致农民工的工作适应性变差、稳定性下降。出现这种现象，主要是由于农民工对工资待遇、工作环境、生活条件和精神文化品质追求不断提升，同时受自身文化程度、工作技能及特定用工环境的限制，导致心理预期与现实情况不相一致。

（五）社保参保率较低

据光明网报道，武汉大学中国乡村治理研究中心研究人员对河南、湖北、安徽、四川、贵州等农民工流出地农村，和以广东东莞、佛山及浙江绍兴等为典型代表的农民工流入地的调研，得出结论称中国绝大部分农民工群体尚没有法律意义上的基本社会保障，截至2018年底，中国有2.86亿农民工，其中只有6202万人参加了城镇职工基本养老保险，参保率不到22%，"田野调研和统计数据均指向了这样一个较为普遍且重要的社会事实：我国农民工群体参保率普遍较低"。社会保险是维护农民工的基本权益，实现农民工正常劳作的基本保障，提高农民工的社会保险参保率既需要在农民工群体中加大宣传力度，又需要企业、社保部门等提供相应的配套服务。

（六）维权方式多样化

调查发现，当农民工在工作中遭遇不公正对待，或存在劳资纠纷时，维权方式多样化。绝大多数表示会采取"向有关部门投诉"（43.3%）、"寻求

实
证
篇

法律援助"（21.7%）等正当的手段来维护自己的合法权益；14.8%的农民工表示会"忍气吞声"；但还有20.2%表示会通过"找老乡寻求帮助"或"采取暴力方式报复"等极端方式进行维权。这说明当前农民工的维权意识有所增强，但同时还需要对容易引发群体事件和滋生社会治安案件的维权行为进行积极引导和转化。

（七）较高的生活满意度

在回答农民工最关注问题（多选）时，就业情况（65.3%）、工资待遇（55.6%）、生活成本（43.7%）是他们关注的三大热点，27.6%关注治安状况，20.5%关注医疗保障，11.2%关注市民化政策。在满意度调查中，85.7%的农民工对居住地居住环境表示很满意或基本满意；在对居住地治安状况、子女就学满意度调查时，满意度维持在90%左右。

（八）新生代农民工的新特征

1. 相对较高的受教育程度

调查发现，新生代农民工中，高中学历、大专及以上学历占比分别为29.88%和9.68%，均高于老一代农民工（1980年以前出生）的20.4%和4.52%；初中及以下的人口比例为60.44%，明显低于老一代农民工的75.08%。新生代农民工的受教育程度有了一定的提升，但总体水平仍显不足。

2. 消费理念更超前

调查显示，新生代农民工月均生活支出约1500元，略高于老一代农民工消费水平，新生代农民工十分注重满足个人物质和精神生活的需要，他们往往不会刻意积累资本，其中很多都是"月光族"。休息时间逛街购物、上网、外出旅游、学习培训等比例高于老一代农民工。

3. 更加追求生活品质

由于不再背负养家的压力，新生代农民工对于工作环境、居住条件、休息时间等方面有更高的要求，对发展前景、自身能力、提升空间、工作历练和生活品质更为看重，他们对工资期望值也很高。本次调查中，新生代农民工平均工资期望值为4733元，高于老一代农民工近300元，一旦工资待遇及其他要求未能达到心理预期，他们宁愿继续等待也不轻易择业。据调查统计，新生代农民工已经找到工作的占83.1%，低于老一代农民工（86.0%）2.9个百分点，存在"眼高手低"现象。

4. 相对缺乏吃苦耐劳精神

新生代农民工较之他们的父辈，生活是优越的，没有挨过饿，没有受过冻，他们对温饱问题没有什么概念，忍耐力和吃苦精神远不及父辈，他们个性更独立、张扬。调查发现，70.9%的新生代农民工曾换过工作，较老一代农民工高出9.1%；25.5%对于现有工作表示会"看心情，不喜欢就换"，占比高出老一代农民工8.5个百分点，工作适应性相对较差。

四、建议与对策

现实研究应立足于改进现状与解决问题的需要，根据以上调查结果，本研究提出以下工作建议与对策。

（一）积极引导人口有序流动

人口流动是经济社会发展的必然结果，是与一定历史发展阶段相联系的。随着产业阶梯转移和中西部地区经济社会等各项事业的发展，劳动就业大军从内地流向沿海地区的趋势已经有所减缓，农民工返乡就业、回乡创业已经成为一种趋势。从调查结果来看，当前的农民工流动出现了家庭式流动的趋势和特点，并且一半以上的农民工表示愿意在温州长期生活居住，这将有助于农民工市民化工作的顺利开展。根据我国城镇化战略的安排，顺应当前农民工市民化工作的要求，各地要积极结合当地经济社会发展的实际情况，遵循经济发展规律、人口流动和增长规律，积极稳妥、有序规范并创造性地推进农民工市民化工作。既要稳定人口数量，又要强调优化人口结构；既要控制人口规模无序扩大，又要防止出现"用工荒"，以免影响当地的经济转型发展。

（二）积极破除农民工社会融入的壁垒，增强农民工归属感

纵使大多数农民工感受到了城市社会及市民的友好与亲近，但由于农民工群体自形成以来就有的敏感、封闭与过客心态，以及长期以来未得到彻底改善的缺陷，如受教育程度普遍较低、观念陈旧、生活习惯与城市差异较大等，这些都使他们很难融入城市社会。因此要加强对农民工宣传教育，切实改变思想观念，树立"利益共生体"意识。居住地政府要积极破除农民工融入城市社会的壁垒，以维护广大农民工切身利益为出发点，建立健全利益表达与共享机制，拓宽利益表达渠道，保护农民工利益，使农民工真正成为当地社会的重要组成部分，切实增强农民工认同感、归属感和幸福感。农民工自身也要积极转变观念，通过各种途径学习居住地的语言、文化、风土人情、社会理念等，积极主动地融入城市社会。[9]

（三）加强劳动监管，提升就业服务水平

针对农民工群体中普遍出现的超时劳动、劳动保障水平较低的情况，政府与企业应建立积极的联动机制，规范劳动力市场，对违反《中华人民共和国劳动法》及相关安全工作规程的现象进行有效监管，坚决避免出现企业恶

实证篇

意克扣工资及欠薪等违反农民工利益等不良现象。同时，应切实加大社会保障法律、法规的宣传力度，完善农民工劳动力用工信息平台建设，加强农民工就业失业登记，为农民工提供免费的求职登记、就业信息、政策咨询和职业指导等基本就业服务。加强就业管理服务和专项执法检查，规范劳动合同签订，加大社会保险扩面力度，积极创造良好的用工环境，鼓励农民工就业创业，构建和谐劳动关系，维护农民工合法权益。

（四）深化积分管理制度，积极引导农民工逐步实现市民化

以城市新居民积分制管理为载体，按照"责权对等、梯度服务"和"尽力而为、量力而行"的原则，结合城市经济社会发展水平、公共财力、资源承载能力，结合农民工个体综合素质、贡献程度，制定差异化的公共服务政策。按照"高积分换高待遇"的原则，建立健全积分制公共服务政策，强化政策引导作用，对农民工入住、入户、子女入学、医疗等公共服务资源进行再分配，防止福利诱导流动人口无序流入。积极探索农民工全员积分制管理办法，推行居住证积分管理，建立农民工积分制管理信息平台，优化积分申请流程，逐步实现农民工由"条件管理"向"积分管理"转变，积极引导有条件的农民工逐步迈进市民化的门槛。

（五）着眼城乡并进，帮助提升农民工的综合素质

调查发现，城市农民工的受教育程度普遍低下，文化程度在初中及以下的占绝大多数，中、高级职称人数更少，这不仅给企业发展、城市综合实力的提升造成一定的困难，而且严重阻碍了农民工自身在城市里的进一步发展与突破。李培林等人[10]提出，农民工在收入水平较低、劳动强度较高的情况下，仍然保持着较为积极的社会态度。因此，要进一步完善引才管理服务机制，加大农民工人才引进力度，为农民工人才创造良好的工作生活环境，不仅要使农民工人才"引得进、留得住"，还要"有作为、有地位"。同时，着眼于城乡并进，大力开展切实可行的农民工素质提升工作，采取政府引导、部门牵头、企业助推、社会参与的形式，通过学历教育、岗位技能提升、就业创业培训等方式，努力提高农民工的劳动技能和综合素质，以适应城市经济社会转型升级和农民工进一步发展的需要。

（六）关注新生代农民工，积极提供契合其心理需求的服务

大多数新生代农民工一离开校园就走上了外出务工的道路，与传统农民相比，他们普遍缺少从事其他生产劳动的经历，因而必须关注与其相关的一系列特征和问题。

1. 积极做好思想引导与心理辅导工作

新生代农民工年龄相对较小，其思维、心智正处于不断成长、成熟的阶段，观念亦处于不断发展、变化中，对许多问题缺乏一定的甄别能力，具有较大的不确定性，因此要认真做好培训和教育，特别是关于职业技能训练、生活消费观念的引导等。引导他们积极适应城市生活，形成主动学习的观念，涵育热爱生活的心理，从价值塑造、观念调整、心理成长、人生发展等方面做好适应工作、融入城市的各项准备。

2. 要做好情感关注工作

调查显示，近半数的新生代农民工处于未婚状态，这意味着他们在外出务工期间有可能要解决从恋爱、结婚、生育到子女上学等一系列人生问题。一方面，企业、社区及政府部门要积极做好新生代农民工的情感关注工作，积极创造条件，帮助解决有关婚恋、子女教育等问题，开展心理疏导，加强情感关怀。另一方面，新生代农民工要主动突破自身的障碍，扩大社会接触面，提升自身的素质，提前应对可能到来的生活和情感发展问题。

3. 满足精神文化需求

较之老一辈，新生代农民工对精神文化的需求更为旺盛。这就要求我们继续加大非营利性的文体设施建设力度，进一步推动公共文体场所免费向农民工开放。用人单位要积极创造条件，建设篮球场、健身房、阅览室、网吧等业余文体活动场所，开展人们喜闻乐见、丰富多彩的业余文化活动，倡导健康向上的生活方式，帮助新生代农民工在满足精神文化需求的同时，实现更好的城市融入与社会融合。

参考文献

[1] 朱信凯. 农民市民化的国际经验及对我国农民工问题的启示[J]. 中国软科, 2005 (1): 28-34.

[2] 国家统计局. 2015年全国农民工总量27747万人[EB/OL]. http: //finance. sina. com. cn/roll/2016-02-29/doc-ifx-pvzah8378573. shtml, 2016-02-09.

[3] 廖传景, 毛华配, 张进辅. 青年农民工心理症状及影响因素: 未婚与已婚的比较[J]. 中国农业大学学报 (社会科学版), 2014, 31 (3): 47-53.

实
证
篇

[4] 黄序. 农民工的生存与发展问题[J]. 城市问题，2008（1）：7.

[5] 事业单位法人年度报告书：133030000478 温州市农民工服务管理局[EB/OL]. http：//www. wzjgbz. gov. cn/art/2015/5/15/art _ 14850_ 185182. html，2015 － 05 － 15.

[6] 廖传景. 青年农民工心理健康及其社会性影响与保护因素[J]. 中国青年研究，2010（1）：109 － 113.

[7] 浙江省劳动厅、人事厅关于贯彻实施《国务院关于职工工作时间规定》的通知[EB/OL]. http：//www. hroot. com/contents/131/24020. html，2008 － 09 － 03.

[8] 2014 农民工调查报告：农民工人均月收入 2864 元[EB/OL]. http：//society. people. com. cn/n/2015/0429/c136657 － 26925843. html，2015 － 04 － 29.

[9] 李强，胡宝荣. 户籍制度改革与农民工市民化的路径[J]. 社会学评论，2013（1）：36 － 43.

[10] 李培林，李炜. 近年来农民工的经济状况和社会态度[J]. 中国社会科学，2010（1）：119 － 131.

第九章　农民工心理健康状况调查研究

——以浙江省温州市为例

一、问题提出

进城务工的农民工是当前城市社会的一个特殊群体，目前，这个群体的数量达到了 1.4 亿。在城市里，他们工作劳累、收入低下、生活清贫，在就业、维权、安全及子女教育等方面经常遇到困难和压力，所以产生了强烈的心理矛盾与冲突，出现了不同程度的心理偏差和心理障碍。

温州市地处东南沿海开放地域，市场经济起步较早，民营企业发展较快，吸引了大量外来人口。据公安部门统计，温州市现有外来务工者 230 多万人，占温州市总人数的四分之一，他们被称为新温州人。这些新温州人绝大多数来自湖南、湖北、江西、安徽、河南、四川、贵州等省份，90% 以上集中在市区及沿海经济发达乡镇的民营企业。他们主要从事于低压电器、鞋革、服装、眼镜、打火机等制造业，建筑施工业，以及餐饮、宾馆、娱乐等服务行业。新温州人的出现对温州城市建设和发展起到了巨大的推动作用，但也造成了一定的社会负面影响。

农民工群体是当前社会的一个特殊群体，也是一个弱势群体。由于进入城市后的就业、婚姻、子女教育等社会压力骤然增加，许多在外地打工的农民工都有不同程度的心理偏差或心理障碍。他们不仅收入低下，而且经常面临强烈心理矛盾与心理冲突，有些心理问题已经成为社会稳定的制约因素。

以前，学术界对于农民工问题的关注和研究多停留在权益保护、法律援助、劳动安全、就业指导、经济扶持、素质提升、技能培训、治安管理和子

实
证
篇

女受教育等领域，而涉及这一特殊群体的内心世界表现与心理健康状况的关注却少之又少。投入关心的力量有限，有指导和借鉴意义的研究成果很少。随着当前各方面事业的不断发展，帮助解决农民工群体的心理问题，帮助维护其心理健康，已经成为迫切需要解决的重要问题。

2006 年 3 月 27 日，国务院发布了《国务院关于解决农民工问题的若干意见》，形成了我国当前全面研究、解决农民工问题的重要指导思想。在国务院和省、市有关文件思想的指引下，为初步了解温州市农民工群体的心理健康状况，指导开展农民工心理卫生维护工作，温州大学组织力量对处于温州城区的部分农民工开展心理健康状况调查研究，为农民工管理与服务工作的开展提供实证依据。

二、对象与方法

（一）对象

以温州市瓯海区经济开发区部分新温州人为调查对象，采取随机抽样的方法，随机抽取该区经济开发区内 13 家企业的员工。发放问卷 560 份，回收 484 份，剔除无效问卷，合格的有效问卷 347 份，回收率 86.43%，合格率 71.69%。其详细构成如表 9-1 所示。

（二）方法

采用 Derogatis 氏精神症状自评量表 SCL-90 为评价其心理状况的标准，该量表有 90 个项目 10 个因子（躯体化、强迫、人际关系、抑郁、焦虑、敌对性、恐怖、偏执、精神病性和其他），各项目均采用 5 级评分（1 分—无，2 分—轻度，3 分—中度，4 分—偏重，5 分—严重）。施测时均按量表指导的要求，统一使用指导语和方法，个人独立完成。

对于统计结果，通过微型计算机运用 SPSS11.5 软件开展统计分析和数据处理，计算 10 个因子分、个人总得分、总均分、阳性项目数、阳性项目均分。各因子得分及阳性项目得分等进行单样本 t 检验，比较其与全国常模的差异；在性别、婚姻、年龄及工种之间进行 t 检验；在职业、文化程度、收入情况等各种比较纬度进行方差分析及多重比较。

表 9-1　调查对象分布情况统计汇总

比 较 项 目		人 数	比 例	缺失值
性别	男	232	66.9	5
	女	110	31.7	
婚姻状况	未婚	199	57.3	2
	已婚	146	42.1	
年龄分布	20 岁以下	92	26.5	3
	21—30 岁	190	54.9	
	31—40 岁	54	15.6	
	41 以上	8	2.3	
文化程度	小学	26	7.5	3
	初中	228	65.7	
	高中中专	81	23.3	
	专科	7	2.0	
	本科及以上	2	0.6	
岗位	技术工人	225	64.8	19
	普通行政	58	16.7	
	部门主管	17	4.9	
	后勤服务人员	28	8.1	
从事行业	鞋革	154	44.4	4
	眼镜	83	23.9	
	服装	61	17.6	
	其他	45	13.0	

三、调查结果

（一）严重的整体心理健康状况

调查发现新温州人 SCL - 90 各因子得分均高于全国成人常模，除抑郁因

实
证
篇

子外，其余各因子均与全国常模有显著的差异，抑郁因子与全国常模相比具有显著性差异。新温州人SCL-90的总分、总均分、阳性项目数得分显著地高于全国成人常模，阳性项目均得分明显低于全国成人常模。以上统计说明当前新温州人的心理健康水平与正常成人水平有显著性差异，总体心理健康水平较常模低（见表9-2）。

表9-2　新温州人SCL-90各因子得分与全国常模比较统计

项目	农民工（N=347） X±SD	全国成人常模 （N=1388）X±SD	t	p
躯体化	1.43±0.42	1.37±0.48	2.660**	0.008
强迫	1.76±0.60	1.62±0.58	4.580**	0.000
人际关系	1.50±0.50	1.65±0.51	-5.696**	0.000
抑郁	1.57±0.56	1.50±0.59	2.471*	0.014
焦虑	1.49±0.47	1.39±0.43	4.004**	0.000
敌对性	1.58±0.57	1.48±0.56	3.893**	0.000
恐怖	1.40±0.46	1.23±0.41	6.870**	0.000
偏执	1.52±0.49	1.43±0.57	3.493**	0.001
精神病性	1.47±0.48	1.29±0.42	7.042**	0.000
阳性项目数	32.72±20.37	24.92±18.41	7.132**	0.000
阳性项目均值	2.42±0.40	2.60±0.59	-8.147**	0.000
总分	139.57±39.57	129.96±38.76	4.560**	0.000
总均分	1.55±0.43	1.44±0.43	4.731**	0.000

注：$*P<0.05$　$**P<0.01$。

（二）不同群体新温州人心理健康的显著性差异比较

更加详尽了解不同新温州人群体间在SCL0-90各项目的得分上的差异，了解不同群体的心理健康特点，可通过独立样本T检验来实现。

1. 不同性别新温州人群体的各因子均值比较

从表9-3可知，不同性别新温州人群体的SCL-90各因子得分在恐怖和偏执两项得分上有显著性差异，女性的恐怖项目值明显高于男性，而男性的偏执项目值明显高于女性。其余各项均无显著性差异。

表9－3　男女新温州人SCL－90各因子得分均值比较统计

项目	男性（N＝232） X±SD	女性（N＝110） X±SD	T	P
躯体化	1.44±0.42	1.40±0.43	0.964	0.336
强迫	1.79±0.56	1.70±0.56	1.413	0.158
人际关系	1.50±0.50	1.51±0.49	－0.181	0.856
抑郁	1.59±0.58	1.54±0.53	0.744	0.457
焦虑	1.51±0.48	1.47±0.46	0.671	0.502
敌对性	1.60±0.56	1.54±0.58	0.926	0.355
恐怖	1.37±0.44	1.48±0.51	－2.135*	0.034
偏执	1.56±0.49	1.43±0.46	2.304*	0.022
精神病性	1.50±0.49	1.43±0.47	1.311	0.191

注：* P＜0.05。

2. 不同婚姻状况新温州人的各因子均值比较

通过检验和比较，发现未婚新温州人仅在躯体化项目上与已婚新温州人没有显著性差异，但他们在出现强迫行为、人际关系紧张、抑郁倾向、焦虑情绪、恐怖反应、观念与行为偏执及精神病性等方面均非常明显地高于已婚新温州人。详见表9－4。

表9－4　不同婚姻状态新温州人SCL－90各因子得分均值比较统计

项目	未婚（N＝199） X±SD	已婚（N＝146） X±SD	T	P
躯体化	1.45±0.41	1.40±0.44	1.103	0.271
强迫	1.84±0.56	1.65±0.55	3.170**	0.002
人际关系	1.59±0.53	1.38±0.41	4.059**	0.000
抑郁	1.69±0.57	1.41±0.51	4.697**	0.000

项目	未婚（N = 199）X ± SD	已婚（N = 146）X ± SD	T	P
焦虑	1.59 ± 0.51	1.35 ± 0.38	4.575 **	0.000
敌对性	1.67 ± 0.56	1.45 ± 0.55	3.513 **	0.001
恐怖	1.48 ± 0.49	1.29 ± 0.41	3.730 **	0.000
偏执	1.61 ± 0.51	1.40 ± 0.43	3.983 **	0.000
精神病性	1.57 ± 0.51	1.33 ± 0.39	4.694 **	0.000

注：** $P < 0.01$。

3. 不同岗位性质新温州人各因子均值比较

本次调查将新温州人的岗位性质区分为技术工人、普通行政管理人员、部门主管和后勤服务人员。为便于比较，研究将技术工人和后勤服务人员概括为劳力群体，将普通行政管理和部门主管人员界定为劳心群体。经过检验和比较，以上两类农民工群体 SCL -90 各因子得分均值比较。如表 9 -5 所示。

表 9 -5　不同岗位性质新温州人 SCL -90 各因子得分均值比较统计

项目	劳力（N = 251）X ± SD	劳心（N = 75）X ± SD	T	P
躯体化	1.47 ± 0.44	1.34 ± 0.35	2.344 *	0.020
强迫	1.79 ± 0.56	1.69 ± 0.59	1.388	0.166
人际关系	1.55 ± 0.51	1.38 ± 0.47	2.566 *	0.011
抑郁	1.61 ± 0.56	1.48 ± 0.60	1.713	0.088
焦虑	1.53 ± 0.48	1.44 ± 0.50	1.312	0.190
敌对性	1.63 ± 0.60	1.45 ± 0.46	2.553 *	0.011
恐怖	1.46 ± 0.49	1.27 ± 0.37	3.079 **	0.002
偏执	1.57 ± 0.49	1.43 ± 0.48	2.056 *	0.041
精神病性	1.50 ± 0.48	1.39 ± 0.50	1.719	0.087

注：* $P < 0.05$　** $P < 0.01$。

由上表分析可知，由技术工人和后勤服务人员为主的劳力新温州人在躯体化、人际关系、敌对性和偏执项目得分上与由企业普通行政管理和部门主管构成的劳心新温州人相比具有显著性差异，在恐怖项目得分上二者有非常明显的差异，以上诸项新温州人得分均值均高于劳心新温州人得分。可见，在基层从事体力劳动的新温州人的心理健康状况更需要关注。

4. 不同省域新温州人各因子均值比较

新温州人来自全国各地，主要集中的省（市）为江西、湖北、四川、安徽、河南、湖南、贵州、重庆等地，来自以上8省（市）的占本次抽样样本的82.1%，经方差分析，以省域为区别维度，各省农民工SCL-90各因子得分之间较少出现显著性差异情形。经进一步检验发现，来自以上各省（市）的新温州人与来自浙江本省的新温州人在SCL-90的各因子得分上表现出了显著性差异。详见表9-6。

表9-6 不同省域新温州人SCL-90各因子得分均值比较统计

项目	外省（N=315） X±SD	浙江省（N=32） X±SD	T	P
躯体化	1.44±0.43	1.38±0.37	0.632	0.528
强迫	1.77±0.57	1.59±0.45	1.744	0.082
人际关系	1.52±0.50	1.29±0.35	2.532*	0.012
抑郁	1.59±0.57	1.44±0.46	1.402	0.162
焦虑	1.50±0.48	1.43±0.41	0.798	0.425
敌对性	1.60±0.57	1.45±0.52	1.314	0.190
恐怖	1.42±0.47	1.24±0.30	2.057*	0.040
偏执	1.54±0.50	1.35±0.33	2.052*	0.041
精神病性	1.48±0.49	1.35±0.37	1.425	0.155

注：* $P<0.05$。

从上表分析可以得知，来自浙江本省的新温州人的人际关系因子得分明显低于来自外省（市）的农民工，可以解释为来自浙江本省的新温州人比较适合本地的人际交往模式，有相对较为固定的人际关系网络。来自外省

（市）的新温州人在恐怖和偏执两项得分上明显高于浙江本省的新温州人。

5. 不同行业新温州人各因子的因素分析

温州的轻工业、制造业、商业比较发达，主要行业有鞋革、眼镜和服装制造等，在本次调查中，新温州人也相应集中于以上行业。通过方差分析，发现不同行业间新温州人在 SCL-90 各因子的得分除了人际关系和恐怖外，其余因子均呈现显著的差异。主要表现为：眼镜业，新温州人心理问题最少，情绪最稳定；服装业，新温州人在 SCL-90 各因子中得分最高；鞋革业、眼镜业，新温州人表现出显著的差异。详见表9-7。

表9-7　不同行业新温州人 SCL-90 各因子的因素分析统计表

项目	鞋革（N=154）X±SD	眼镜（N=83）X±SD	服装（N=61）X±SD	其他（N=45）X±SD	F	P
躯体化	1.41±0.42	1.32±0.32	1.58±0.43	1.45±0.48	5.168 **	0.000
强迫	1.69±0.52	1.63±0.50	1.99±0.57	1.90±0.45	5.371 **	0.000
人际关系	1.46±0.50	1.63±0.25	1.61±0.53	1.58±0.49	2.362	0.053
抑郁	1.50±0.53	1.47±0.48	1.80±0.56	1.70±0.71	4.821 **	0.001
焦虑	1.45±0.48	1.41±0.39	1.65±0.51	1.57±0.51	2.881 *	0.023
敌对性	1.56±0.57	1.44±0.46	1.75±0.61	1.65±0.65	2.888 *	0.022
恐怖	1.38±0.47	1.34±0.42	1.53±0.47	1.44±0.52	1.762	0.136
偏执	1.44±0.44	1.47±0.46	1.70±0.51	1.64±0.61	4.469 **	0.002
精神病性	1.42±0.48	1.37±0.34	1.66±0.55	1.60±0.55	5.307 **	0.000

注：* $P<0.05$　** $P<0.01$。

6. 不同文化程度新温州人 SCL-90 各因子的因素分析

新温州人的地域分布广泛，同时其层次和水平也是参差不齐的。在本次调查中，新温州人群体中，以初中和高中文化程度居多，二者总和占总体人数的89%。文化程度的差异，在某种意义上，也决定了他们对待现实生活态度的差异和心理健康水平的不同。经过方差分析，发现不同学历间的心理差异也呈现出较大的差异。其中在人际关系因子上，小学、初中、高中学历三类人群与大专及以上学历人群相比均表现出显著性差异，前者的得分远高于后者；在抑郁因子得分上，大专及以上学历人群明显低于小学、初中和高中文化程度的新温州人；在敌对性因子中，初中文化程度人群得分明显高于小学和高中文化程度者的得分；在恐怖因子上，初中文化程度人群又明显高于高中文化程度人群。具体如表9-8所示。

表9-8 不同文化程度新温州人SCL-90各因子的因素分析统计表

项目	小学(N=26) X±SD	初中(N=228) X±SD	高中(N=83) X±SD	大专及以上 (N=9)X±SD	F	P
躯体化	1.43±0.50	1.44±0.43	1.41±0.40	1.26±0.22	0.609	0.656
强迫	1.75±0.71	1.77±0.56	1.73±0.51	1.58±0.53	0.236	0.918
人际关系	1.37±0.44	1.54±0.52	1.43±0.42	1.17±0.17	2.123	0.078
抑郁	1.50±0.65	1.61±0.57	1.53±0.46	1.26±0.39	1.682	0.154
焦虑	1.44±0.51	1.52±0.49	1.45±0.42	1.29±0.25	1.181	0.319
敌对性	1.38±0.58	1.65±0.61	1.45±0.43	1.38±0.27	3.001*	0.019
恐怖	1.40±0.50	1.43±0.47	1.32±0.38	1.12±0.21	1.723	0.145
偏执	1.43±0.57	1.55±0.51	1.49±0.40	1.36±0.31	0.698	0.594
精神病性	1.44±0.64	1.49±0.49	1.43±0.42	1.33±0.30	0.799	0.526

注：* $P < 0.05$。

四、讨论

由以上调查结果可知，温州市当前广大新温州人的心理健康状况从其自评层面上看，整体形势不容乐观，各群体之间和各类心理因素方面还表现出较大的差异，这给有关部门制定有针对性的对策提供了极其宝贵的参考和依据。

（一）关心、关注、关怀新温州人心理健康状况刻不容缓

本次调查显示，新温州人在SCL-90所有因子及阳性项目数、阳性项目均值、总分与总均分等项目的得分与全国正常成人的常模相比，均呈现出显著的差异。这说明新温州人群体在当前温州社会中是一个非常值得关注的弱势群体。他们在城市里从事最辛劳的工作，承受着其他普通城市居民无法想

象的职业、生活压力。不仅工作压力大，而且生活环境较差，工作关系紧张，他们的人际交往也都较为封闭，多数情况下处于被忽视、被漠视的境地，因此也造成了他们与城市和城市居民的隔膜。其敌对性、焦虑心理等项目的得分偏高，充分说明其心理世界的无奈和挣扎。与全国正常成人群体的显著性差异还表明了这一群体独特的文化心态与城市发展主流文化的不可融合性，显示出他们的格格不入与难以协调，即使是暂时压抑自身的心理需求，在他们的骨子里也被深深刻上了农民的烙印。

从某种意义上说，新温州人群体融入城市的过程同时也是一个不断地重新构建新的社会关系的过程。他们进入城市以后，主要面对的是一个不熟悉的、充满着陌生的"城里人"的世界。他们在乡土社会中所建立的那些社会关系大都被远远地抛在了家乡；他们在乡土社会中所遵循的那些规范和观念，也在这个充满陌生人的城市社会中变得愈来愈不适用；他们原来的那些社会关系由于他们外出打工的行为而被无可奈何地和强制性地割断。这样所造成的一个直接的后果就是，在城里形成了一种社会心理上的结构性紧张和危机。面对这种结构性紧张和危机，为了在城里生存、适应和发展，他们必须学会和城市里的陌生人打交道，在交往的过程中，加深相互的理解，加深相互的感情，进而达到不断地建立新的社会关系的目的。因此，无论从哪个方面来看，全社会各界、各部门都应该充分认识到新温州人群体心理表现的特殊性与其心理健康现状的严重性。

在新温州人整体心理状况不容乐观的态势下，为深入挖掘数据的含义，揭示不同群体新温州人心理健康的水平和差异性，我们比较了男女、婚否、不同工作方式、不同省域、不同行业及不同文化程度新温州人在 SCL-90 各因子得分上的差异。

（二）增加女性新温州人的安全关怀，帮助其矫正不当行为

通过数理分析和比较发现，不同性别新温州人群体的心理健康状况也有所差异，女性的恐怖性心理明显高于男性，男性的偏执心理明显高于女性，这种心理状况的差异说明了女性农民工对工作环境的安全性、生活稳定性有更高的祈求和需要，在巨大的工作强度之下，女性新温州人比男性更加感受到安全感的缺乏，他们对职业选择、薪酬、待遇等的稳定性有更高的祈求，这充分说明了女性新温州人的无奈和迫切愿望。

男性新温州人在对待生活、工作等方面往往容易执拗于个人的意见，不容易听进他人观点，较之女性农民工更不易与群体其他成员相融合。需要针对男性新温州人予以更多的说服教育，避免使他们在看待社会问题、人生发

展、职业选择、薪酬待遇、人际关系等方面与社会发生更大范围的不配合。

（三）全面关怀年轻未婚新温州人

调查显示，未婚新温州人在出现强迫行为、人际关系紧张、抑郁倾向、焦虑情绪、恐怖反应、观念与行为偏执及精神病性等问题方面均非常明显地高于已婚新温州人。这说明未婚新温州人的心理稳定性更差，婚姻的出现给他们带来了更多心理上的安定感和满足感。有人说婚姻是一副治疗心病的良好药引，婚姻经历与家庭生活对改善社会关系、谋求更高生活质量、保持职业稳定、建立良好人际关系、减少敌对性等均有显著的效果。那些未婚的新温州人，多数由于年龄较小，务工年限短，个人收入与薪资低，他们一方面缺少对职业人生的规划与设计，对生活、职业问题缺少应有的应对机制；另一方面由于缺少社会工作经历和处于血气方刚的年纪，使得他们的恐怖性心理、看待问题的偏执倾向等均明显高于已婚人士。以上特点告诉我们，需要对年轻未婚务工青年有更全面的关怀，帮助他们解决实际的情感需求、人际交往问题，帮助他们树立和提高对生活的自信和对人生规划重要性的认识。

（四）改善劳动条件，关怀、激励一线新温州人

新温州人大多在个体户、私营企业中务工，从事的职业劳动强度一般较大，对人的身体和心理健康的冲击也相应较大。本次调查将新温州人的岗位分为技术岗、普通行政管理岗、中级管理岗和后勤服务岗。技术工人和后勤服务人员绝大多数在一线直接从事体力劳动，劳动强度相对普通行政管理和部门主管人员较小，前者在躯体化、人际关系、敌对性和偏执得分上与后者相比具有明显的差异，在恐怖性因子得分上二者有非常明显的差异，以上诸项前者得分均值均高于后者。毋庸置疑，在基层从事体力劳动的农民工的心理健康状况更需要关注。他们一般从事劳动强度大、安全生产保障度低、薪酬较低的工作，他们的身体素质明显比从事一般管理工作的人要差。巨大的劳动强度也影响了他们的人际关系，使他们在如何与他人友好相处上表现出较大的痛苦，也增加了彼此的敌对性；使得他们时刻感受到来自社会各方面的恐惧威胁与惊颤体验。理论与事实都说明了这一群体的心理应该受到充分的关注。

（五）为外省新温州人营造宽松的人际关系环境，强化生活与工作的安全感

在新温州人群体中，有少部分来自浙江本省，绝大多数来自江西、湖北、安徽、四川等省，他们远道而来，在对温州经济社会发展和行业职业分布的了解、应对工作挑战以及人际关系环境适应等方面都存在诸多困难，从对省

域的比较上可以看出，浙江本省来温从业的新温州人的人际关系因子得分明显低于来自外省的新温州人，而来自外省的新温州人在恐怖性和偏执两项得分上明显高于来自本省的新温州人。这说明来自本省的新温州人比较容易适应本地的人际交往，拥有较广的人际交往圈子，有相对较为固定的人际关系网络，平时的生活工作也相对有较强大的社会关系支持。而这一点正是外省来温人员所缺少的。他们或会有同乡相互支撑和提携，但毕竟同乡之间的交往多数是松散的，而且各自在情感维系、利益分享、关系处理等问题上未必尽相同，因此，恐怖和偏执因子得分相对较高，是非常正常的。各企业、各部门应该着力为来自外省的新温州人营造宽松和谐的人际关系氛围，给他们带来更多的生活与工作的安全感。

（六）调整行业劳动强度，避免职业倦怠

众所周知，温州正朝国际性轻工城市发展，温州经济的支柱产业主要有鞋革、眼镜、服装和低压电器制造等，在本次调查中，新温州人也相应集中于以上行业。通过方差分析，发现不同行业新温州人经 SCL - 90 自我检测，在躯体化、强迫、抑郁、偏执和精神病性因子得分上呈现出非常明显的差异，在焦虑和敌对性因子得分的差异比较中达到了显著水平。进一步探悉可知，服装制造业从业人员分别与鞋革制造业、眼镜制造业从业人员之间存在明显和非常明显的差异。服装制造业从业人员在各因子的得分上明显高于其他行业的从业人员，眼镜制造业从业人员心理问题最少，情绪最稳定，鞋革制造业次之。

服装制造业是温州民营企业的支柱产业，曾经创造了许多辉煌，从业人员数量也居各行业之首，长期以来服装行业工作强度普遍较大，制版、印染、剪裁、缝制、熨烫、刺绣、检测和包装等各道工序的劳动强度相对较大，这是造成该行业从业人员各项因子得分明显高出其他行业的重要原因。通过本次调查，有关部门应该提醒有关行业的管理者、所有者等在对本行业的工作环境改善、劳动强度调整等方面予以更多的关心和投入，立足于企业的长远发展，着眼于行业从业人员的身心健康，避免使其陷入职业倦怠的旋涡。

（七）提高文化程度，强化知识影响力

调查数据已经生动说明了，在拥有大专及以上文凭的所有新温州人中，他们在 SCL - 90 所有因子的得分上均明显低于高中、初中和小学文化程度的新温州人，在与全国常模的比较中，人际关系因子非常明显的低于全国成人平均水平（T = - 4. 788，P = 0. 000），其余各因子均无显著性差异。经线性回归分析，发现文化程度差异与心理健康水平呈非常密切的相关性（F = 1.804，P = 0.041），文化程度高低在对待生活、职业等问题时态度是迥然相异的。

在人际关系因子上，小学、初中、高中文化程度三类人群的得分明显高于大专及以上文化程度的新温州人，在抑郁因子得分上，后者又明显低于前者。大专及以上文化程度的新温州人，在这一群体中属于少数，他们所属的多半是高层或中层管理岗位，相对较轻的工作压力使得他们处理起人际关系来更加游刃有余，不会感受到太多来自人际交往上的压力，因此抑郁情绪也自然就减少了许多。调查显示，在敌对性因子中，初中文化程度者得分明显高于小学和高中文化程度者；在恐怖性因子上，初中文化程度者又明显高于高中文化程度者。初中毕业新温州人占全体受调查新温州人群体中的大多数，达约2/3，这一群体新温州人的心理与行为表现相比而言最为起伏不定，他们不会像小学文化程度者那样行为收敛，也无法像高中和大专文化程度者那样行为修养达到一定的程度，他们漂移于城乡、游离于职业、逛荡于人群之间，又没有把握自身命运、控制自己生活的能力，因此他们的心理问题表现是最为明显的。这正说明，对处于初中文化程度的新温州人实施素质提高与技能培训、开展文化教育和思想熏陶、强化知识影响和人文关怀，是最为迫切的。

五、结论

第一，当前新温州人群体的整体心理健康状况非常不容乐观，与全国正常成人群体相比，在各因子表现上具有显著的差异。

第二，不同性别新温州人的心理健康差异不是很大，在恐怖和偏执心理上有显著性差异。

第三，未婚新温州人群体的心理健康状况明显比已婚新温州人差，应加强对未婚青年的关注和心理指导。

第四，从事体力劳动的基层劳动者心理健康状况普遍比从事管理岗位的劳动者差。

第五，来自外省的新温州人在人际关系和恐怖心理因子得分上明显低于浙江本省的新温州人，对这一群体所表现出来的心理问题需要予以特别的关心。

第六，服装行业从业人员的心理健康状况各项因子得分明显高于其他行业从业人员，需要有关部门调整劳动强度，以避免职业倦怠。

实证篇

第七，不同文化程度的新温州人之间呈现出明显的心理健康差异，高文化程度的新温州人心理更加健康，情绪更加稳定，当前迫切需要加强对新温州人群体的文化程度、知识素质的提高。

六、农民工心理问题的调适建议

心理是现实的反映，农民工心理问题的产生正是缘于他们的现实处境。只有按构建和谐社会的要求，真正改变农民工的现状，才能从根本上调适并最终解决这一社会问题。

（一）教育层面：全社会都要关注农民工心理健康问题

1. 教育城市人要善待农民工

城市中楼房林立，繁华程度越来越高，但城市人所享受的高度物质文明离不开农民工付出的汗水。因此，城市人应当更新观念，摒弃歧视、排斥心理，诚信平等地对待农民工，不应把他们当成防范对象。同时，要引导农民工自珍、自重、自爱，注意自身情绪的疏导。适时进行自我情绪疏导，可以避免其中一些人因感情冲动而导致的心理失衡。此外，社会各界也应密切协同，改变对农民工不公正、不合理的社会歧视氛围和政策，切实做好对农民工合法权益的保护，对农民工多一份热情和体贴，少一点冷漠和歧视，努力改善这一特殊群体的生存环境，让农民工感受到城市对他们的接纳、包容。

协调城市居民与农民工关系的具体做法如下：一是要对农民工在城市劳动的合法性给予一定的保障；二是要教育城市居民尊重农民工；三是要关心流入城市的农民工，让他们感受到城市的温情，减轻疏离感；四是要教育农民工遵纪守法，提高公民素质；五是要为两个群体的接触、交流与理解创造更多的机会。

2. 加强农民工职业技能培训，加大对农村的教育投入

目前进城农民工大多文化程度偏低，又没有一技之长，而用工方的要求越来越高，所以较难找工作，只有盲目流动，干那些技术含量低、城市人不愿干的活，学习、培训对于农民工来说是可望而不可即的事情。所以，第一，各级政府要建立针对农民工的职业技能培训制度，加强农民工职业技能培训，提高农民工转移就业能力和外出适应能力，使他们的素质在离开家门前就得到提高，以适应城市社会的基本要求。第二，针对农村初、高中毕业生，要大力发展面向农村的职业教育，培养出一批有文化、懂技术、会经营的新型

农村青年。第三，各级政府要继续加大对农村的教育投入，保障农村的适龄儿童有学上，上得起学，提高农村的教育水平。农民工素质提高了，就可以顺利就业，就可以脱贫致富，因就业、生存压力而导致的心理问题自然就会得到缓解。

（二）服务层面：文化服务与心理援助

1. 提高农民工的业余文化生活水平

大多数农民工业余文化生活单调，并且很少参加有组织的文化活动，其主要困难来自资金和时间上的限制，但他们却有参加文化活动潜在的积极性。所以，应该丰富农民工的业余文化生活，让他们远离不良娱乐方式，享受到健康的精神食粮，具体做法如下：第一，政府和社会要提供更多的资金帮助，降低文化活动项目收费标准，减少农民工的业余文化支出，针对农民工开展多形式、多渠道，适合农民工参加的业余文化活动。第二，用政策提高农民工的工资收入，减轻劳动强度和增加闲暇时间，使农民工在资金上有一定的收入可用于文化消费，在时间上有比较充裕的时间参与文化活动，在体能上有精力参加文化活动。第三，充分利用广播、电视、报刊、网络等大众媒体，营造农民工参与业余文化生活的良好社会舆论条件，要给予农民工参与业余文化活动的宽松社会环境。

2. 设立针对农民工的心理咨询机构和法律援助机构

部分农民工的过激行为是因为当事人精神长期抑郁无法排解，遇到困难求告无门而导致悲剧的发生，倘若能够对他们的情绪进行及时疏导，对他们的困难给予及时帮助，结局可能大不相同。第一，设立农民工法律援助机构或者是农民工工会，一方面为农民工维权提供免费的法律咨询和法律援助，让农民工了解法律、明白自己的权利所在，懂得实现权利的程序和正确方法；另一方面能使农民工利益的表达更加合法化、制度化，也能及时掌握有关农民工矛盾的主要动向，妥善加以调解，努力将矛盾消灭在萌芽状态。第二，可以开设一些针对农民工的心理咨询机构，在农民工遭遇心理问题时及时向他们伸出援助之手，如开办"工友热线"来让农民工倾诉不幸并指导他们应对之道、举办心理学讲座来帮助他们解决心理障碍等。总之，农民工建设城市，创造财富，提供税收，他们已成为实现城市化、工业化，全面建设小康社会的中坚，所以，社会各界要多为农民工着想，要特别关注农民工的心理健康问题，要采取措施对他们进行心理疏导，要真正把他们当成服务对象、维护对象、保护对象，从政策措施、远景规划、公益事业、社会保障等方面关注、关心农民工。

3. 提高农民工自身素质，增强心理抗挫能力

心理问题一般是通过独立的个人表现出来的，不同的人面对同一问题的反映是不同的，每个人的心理调适能力是有差别的。一般而言，与城市居民相比，农民工文化素质不高，人际关系范围相对狭小，生活和工作内容单一，这些都会直接影响农民工对事物的认识和判断。要解决农民工的心理问题，还要从提高农民工的自身素质入手。要加强对农民工的政治思想教育，增强他们对党和政府的信心；要加强对农民工的心理健康教育，提高他们对客观事物的认知能力；要提高农民工自身文化素质，加强职业技能培训，增强农民工的职业竞争力。

（三）保障层面：改革和完善法律制度，切实维护农民工合法权益

1. 建立和完善农民工劳动安全与社会保障体系，解除他们的后顾之忧

农民工从事着城市中脏、累、险的工作，劳动强度大，劳动环境差。不少农民工因长期在卫生与安全保护设施不达标的条件下作业，患上职业病甚至慢性中毒，对其身体健康造成了巨大损害。农民工从事的一些较为危险的行业，如建筑业、烟花爆竹制造业等，更常因劳动安全保障不足，或者操作违规而发生伤亡事故，事前的预防和保护不到位是农民工人身安全的一大威胁。然而，社会保障的缺位更令农民工承受了巨大的经济与心理压力。农民工与用人单位之间的劳动关系往往不以法定的方式确立，大多也无工伤保险、失业保险、医疗保险、养老保险、生育保险等城市职工普遍享有的社会保障。从社会福利来看，城市农民工一般不是企业的正式职工，企业在考虑员工福利时往往忽略他们，同企业的正式职工相比，农民工在工资、奖金、节假日、医疗和抚恤等方面总体上处于一种待遇低下甚至无保障的地位。所以，按照和谐社会的构建要求，建立惠及全民的城乡一体的社会保障体系，是解除农民工后顾之忧、解决农民工心理问题的关键。

2. 政府要着力解决农民工工资偏低且经常被拖欠等问题

工资问题是农民工最直接的关系切身利益的问题，也是当前农民工反映最强烈的问题，由于此问题的解决不当引发的农民工过激行为经常见诸报端，害人害己。解决这一问题，政府要尽快做到以下几点：第一，政府部门要加强认识，加大对弱势群体的投入，在政策上体现公平、公正，落实科学发展观。第二，建立工资支付监控制度和工资保证金制度，从根本上解决农民工工资拖欠问题。第三，合理确定和提高农民工工资水平，规范农民工工资管

理，切实改变农民工工资偏低、同工不同酬的状况。第四，用人单位招用农民工必须依法订立劳动合同，劳动保障部门要制定和推选规范的劳动合同文本，加强对用人单位订立劳动合同的指导和监督，同时加大维护农民工权益的执法力度。这样会使农民工因经济纠纷或不公平待遇而采取的过激行为的发生率降到最低。

3. 推进户籍制度改革，缩小差距

要改善城市农民工的处境，首要的任务是推进户籍制度改革。一方面，应取消农业户口与非农业户口的分类，以居住地为界划定户口归属。这样，至少可以消除城市农民工和城市居民之间的无形鸿沟，让农民工能够享受城市的公共资源，并参与城市的公共决策，消除对于城市农民工的身份歧视；另一方面，应加快剥离户籍背后的利益，还户籍制度以本来面目。户籍制度本身是我国身份制度的一个组成部分，户籍只是公民的居住证明而已，本身并没有包含太多的信息。要消除户籍制度所产生的消极影响，就应加快使户籍制度与其上附着的劳动、人事、工资、物价、教育、卫生、社会福利等诸多制度相分离，剥离户籍背后所附着的利益，还户籍制度以本来面目。这样，至少可以避免城市农民工一进入城市即沦为"二等公民"的现象。

4. 加快建立健全与农民工权益相关的具体法律制度

城市农民工权益的维护关系到一系列具体制度的建立和完善，这是将法律中的权利落到实处的关键环节。目前，迫切需要对相应法律制度进行完善：劳动法方面包括劳动合同制度、工资支付制度、劳动监察制度、就业促进措施等；教育法方面包括教育经费负担在中央与地方之间的重新分配、以居住地为主的入学制度改革等。此外，社会保障制度应以立法的方式加以固定，且在现阶段应最大限度地弱化社会保障与户籍之间的联系，平衡城乡社会保障的投入，实现全民保障。在完善现有立法的同时，另一个重要的任务是废除那些对农民工就业、收入、子女教育等带有歧视性和限制性色彩的规定，为法律精神的实现与城乡统一劳动力市场的建立扫除障碍。

参考文献

[1] 沈红云，张玲. 当前国内农民工心理研究综述[J]. 法制与社会，2006（10）：139－141.

[2] 骆焕荣，黄锋锐，张雪静，等. 城市农民工心理状态调查分析[J]. 中国民康医学，2006（6）：504-505.

[3] 朱考金. 城市农民工心理研究——对南京市 610 名农民工的调查与分析[J]. 青年研究，2003（6）：7-11.

[4] 黄瑞芹，张广科. 农民工进城就业歧视政策的经济学评价[J]. 南京人口管理干部学院学报，2002（4）：34.

[5] 朱力. 群体性偏见与歧视：农民工与市民的摩擦性互动[J]. 江海学刊，2001（6）：82-88.

[6] 窦开龙，赵锋. 农民工弱势心理透析——甘肃省 855 名农民工的调查访谈与实证研究[J]. 发展月刊，2005（11）：44-46.

[7] 马广海. 社会排斥与弱势群体[J]. 中国海洋大学学报（社会科学版），2004（4）：55-56.

[8] 白云. 城市农民工心理状况研究综述[J]. 农村经济与科技，2007（6）：59-60.

[9] 康洁，熊和平. 浙江省农民工心理健康透视及其对策[J]. 宁波职业技术学院学报，2005（9）：11-14.

第十章 农民工心理健康研究热点与趋势

——基于中国知网（CNKI）398篇期刊的分析

一、问题提出

农民工是指有着农民身份的工人，更准确来讲它是指户籍身份仍是农民、有承包土地，但已进入城镇生活、主要从事的是非农产业的劳动，且以工资收入为主要生活来源的劳动者。[1]农民工对改变城市和农村面貌、推动我国经济发展做出了重要贡献，但农民工群体在当下中国是一个"特殊群体"，同时也是一个"弱势群体"，诸多实证研究表明，农民工群体存在一定的心理健康问题。[2][3]农民工心理健康作为一个研究热点，产生了大批研究成果。而随着数据挖掘与信息可视化技术发展，特别是科学知识图谱的问世为揭示学科领域动态发展规律提供了有价值的参考。因此本研究利用Bicomb2.0及SPSS19.0软件，通过关键词共词分析方法绘制知识图谱，对我国农民工心理健康的研究热点进行可视化分析，筛选出主要研究领域与热点，以便进一步把握农民工心理健康研究的发展轨迹与未来研究重点，为今后的研究提供科学参考。

二、研究对象与方法

（一）资料来源

本研究以中国知网（CNKI）为搜索引擎，以"农民工心理健康"为主题不设期刊年限进行检索，共获得相关文献424篇，查阅时间为2017年10月14日。为保证研究的有效性与准确性，去除农民工子女心理健康等非研究性期刊最后共得到有效论文398篇。

实
证
篇

（二）研究方法

以 Bicomb2.0 共词分析软件和 SPSS19.0 统计软件为主要研究工具。

（三）研究过程

第一，在中国知网（CNKI）中以"农民工心理健康"为主题词检索到的 424 篇有效文献，并将其转化为 Bicomb2.0 能够识别的 ANS 编码格式。第二，采用 Bicomb2.0 软件对 398 篇论文进行关键词统计并提取频次大于 12 的 33 个关键词作为高频关键词。第三，建立高频关键词共词矩阵并进行聚类分析。第四，结合聚类树状图结果，用 SPSS19.0 进行多维尺度分析，绘制出关键词知识图谱。第五，结合第三步与第四步的分析结果，对农民工心理健康研究热点知识图谱进行分析与解释。

三、结果与讨论

（一）高频关键词确认与统计分析

关键词是论文内容的浓缩与提炼，是作者学术思想与学术观点的高度概括与凝练，能够反映文献的核心内容。[4]因此高频关键词所表征出来的研究主题是该领域研究的热点。通过对 2005—2017 年我国农民工心理健康研究文献进行关键词统计分析，共得出 397 个关键词，共出现 3287 次。频次大于或等于 12 的高频关键词共 33 个，出现 1629 次，占关键词总频次的 49.55%。符合知识图谱分析要求的结果如表 10-1 所示。

表 10-1 33 个高频关键词排序（频次≥12）

关键词	出现频次	关键词	出现频次	关键词	出现频次
心理健康	391	抑郁	24	心理压力	14
农民工	321	主观幸福感	22	工作压力	14
新生代农民工	278	焦虑	22	精神卫生	14
生活事件量表	62	心理	22	民工	14
社会支持	44	大学生农民	17	尘肺患者	13
对策	41	心理冲突	17	自尊	13
影响因素	37	心理矛盾	17	浙江省	13
心理问题	29	调查	17	途径	13

关键词	出现频次	关键词	出现频次	关键词	出现频次
新生代	27	身份认同	16	生理健康	12
应对方式	26	心理健康状况	15	女性农民工	12
症状自评量表	25	心理疏导	15	困境	12

从表 10-1 可以看出 33 个高频关键词总呈现频次为 1485 次，占关键词出现总频次的 45.17%。其中前 6 位关键词频次均大于 40，依次为心理健康（391 次）、农民工（321 次）、新生代农民工（278 次）、生活事件量表（62 次）、社会支持（44 次）、对策（41 次）。其余 27 个关键词出现频次均大于或等于 12。这一结果初步说明农民工心理健康研究多围绕新生代农民工心理健康、农民工所遇到的生活事件、农民工的社会支持及对策等方面的主题，但要进一步揭示高频关键词间隐藏的重要信息还需要进行数据挖掘。

（二）高频关键词相异系数矩阵

为了更好地揭示高频关键词之间的共现关系，将用 Bicomb2.0 软件生成的词篇矩阵导入 SPSS19.0 软件中以二分类 Ochiai 系数为度量标准得到 33 × 33 的共词相似矩阵，并通过 EXCEL 软件中的函数功能转化为相异系数矩阵，以得到符合要求的分析数据结构。在相异系数矩阵（如表 10-2 所示）中相异矩阵中的数值越接近 1，表明关键词间的距离越远，相似度越小；数值越接近 0，表明关键词间的距离越近，相似度越大。对角线上的数值 0 表示关键词与自身的相似程度。

表 10-2　高频关键词 Ochiai 相异系数矩阵（部分）

	心理健康	农民工	新生代农民工	生活事件量表	社会支持	对策
心理健康	0	0.467	0.682	0.782	0.855	0.882
农民工	0.476	0	0.977	0.752	0.815	0.895
新生代农民工	0.682	0.977	0	0.871	0.919	0.953
生活事件量表	0.782	0.752	0.871	0	0.866	1
社会支持	0.855	0.815	0.919	0.866	0	1
对策	0.882	0.895	0.953	1	1	0

实
证
篇

从表 10-2 可以看出各个关键词距离"心理健康"由近及远的顺序依次为：农民工（0.476）、新生代农民工（0.682）、生活事件量表（0.782）、社会支持（0.855）、对策（0.882）。表明目前已发表的文献中，心理健康与农民工、新生代农民工结合起来论述的成果较多，农民工心理健康堪忧。

（三）高频关键词聚类分析

为了更直观表示高频关键词之间的亲疏关系，将 Bicomb2.0 产生的关键词相异系数矩阵导入 SPSS19.0 进行聚类分析，生成聚类分析树状图，可以直观看出农民工心理健康研究高频关键词可以分为 4 类，具体结果见表 10-3。

表 10-3 高频关键词聚类结果

分 类	关键词
种类 1	抑郁、焦虑、影响因素、新生代、心理、心理压力
种类 2	农民工、浙江省、对策、心理问题、大学生农民工
种类 3	应对方式、自尊、新生代农民工、心理健康状况、心理健康、农民工、生活事件量表、社会支持、症状自评量表、生理健康、心理疏导
种类 4	身份认同、女性农民工、主观幸福感、途径

从表 10-3 可以看出农民工心理健康研究领域具体分为四类。

第一类为新生代农民工心理问题的影响因素及其症状。包含抑郁、焦虑、影响因素、新生代、心理、心理压力 6 个关键词。"新生代农民工"界定为出生于 20 世纪 80 年代以后、年龄主要集中在 16 周岁至 31 周岁之间、在农村长大且拥有农村户籍、接受过基础性教育但未受过高等教育且于 20 世纪 90 年代后期或 21 世纪初进入城市务工或经商的人员[1]。已有研究表明，新生代农民工的心理健康水平普遍偏低，影响新生代农民工心理健康水平的因素主要包括性别、年龄、婚姻状况、受教育程度、收入水平、职业、人口特征、社会网络支持等。[5][6][7][8]心理压力是指个体对环境中的威胁性刺激经过认知评价后产生的心理反应，即客观压力事件的影响在某种程度上是由个体对事件的压力知觉决定的。[9]这一群体长期生活在城市的边缘，很少受到相关部门的关注，因而在城市中属于弱势群体，另外由于城乡二元制度的存在、较大的城市生活压力和职业竞争压力都对新生代农民工这一群体带来了较大的心理压力，导致其产生了心理健康问题。而关于新生代农民工心理压力和心理健康的研究很少。何雪松等人[10]的关于上海青年农民工的压力与心理健康研究表明，青年农民工的心理压力和心理健康紧密相关。相关研究佐证了此观点。[11][12]

第二类为针对农民工心理冲突的对策。包含农民工、浙江省、对策、心理问题、大学生农民工 5 个关键词。近年来由于浙江省经济的迅速发展，仅有 10 万平方公里面积的浙江，农民工数量达 700 万人以上，农民工为浙江省经济发展做出了巨大的贡献，但作为弱势群体，浙江省农民工的心理健康水平普遍偏低。这引发众多研究者的关注。廖传景[13]以浙江省温州市的青年农民工为对象的研究表明：青年农民工的心理健康状况令人担忧；婚姻、性别与文化程度因素均能区分心理健康的部分差异；社交回避及苦恼与心理健康高度正相关社会支持则与其呈现高度负相关；婚姻、社交回避及苦恼、主观支持和支持利用度对心理健康的预测作用达到了显著水平；社交回避及苦恼是心理健康重要的影响因素之一。

针对上述问题，作者提出以下建议：①相关部门要采取切实、有效的措施给他们提供有效的社会支持，改善他们的生活状况和就业环境，保护其合法权益，丰富其业余生活等。②加强对青年农民工的引导，帮助他们调整自己的个体评价系统并学会充分利用外部帮助。③农民工自身也要学习和城市里的陌生人打交道，在交往的过程中，加深相互的理解和感情，不断地建立新的社会关系。

大学生农民工主要指具备大专以上文化程度的农村籍毕业生，他们因主、客观原因目前以农民工身份外出务工就业。楚向红[14]认为大学生农民工存在六大心理健康问题：自卑心理、抑郁心理、焦虑心理、偏执心理、自闭心理、敏感心理。对此她提出如下对策：①政策解困。建立健全再就业或创业的政策法规。②环境解困。营造健康和谐的社会心理环境。③家庭解困。解除大学生农民工的后顾之忧。④素质解困。在素质提升中加强心理素质。⑤自我解困。大学生农民工要加强自我心理的调节和控制。

第三类为影响农民工心理健康状况的生活事件及其应对方式。包含应对方式、自尊、新生代农民工、心理健康状况、心理健康、农民工、生活事件量表、社会支持、症状自评量表生理健康、心理疏导 11 个关键词。钱胜[15]采用一般资料调查表、生活事件量表、社会支持评定量表、症状自评量表对232 名河南农民工进行调查，结果表明，农民工症状自评分数比常模高，不同性别的农民工自评分数存在差异；农民工症状自评各因子及总分和负性事件呈显著正相关，和社会支持呈显著正相关；负性事件、社会支持、正性事件进入回归方程，负性事件对心理健康的预测力最强；调节效应分析发现社会支持影响着负性事件和心理健康的关系。由此得出结论：农民工心理健康状况较差，应关注农民工群体的心理健康问题。李祚山等人[16]采用症状自评量表和应对方式问卷对在重庆工作的 366 名农民工进行调查，结果表明：①农民工心理问题检出率为 23.2%，且女性高于男性（$\chi2 = 8.472$，$p = 0.004$）。不同行业的检出率差异有统计学意义（$\chi2 = 11.886$，$p = 0.008$）。②农民工 SCL - 90 测验在躯体化、敌对、恐怖、精神病性因子上得分明显高于常模。③农民工最常采用的应对方式是解决问题，其次是求助，最少采用的是自责。解决问题的应对方式与 SCL - 90 总分呈负相关，自责、退避、幻想、合理化与 SCL - 90 总分呈正相关。④自责、解决问题、退避和幻想的应对方式对农民工的心理健康起主要预测作用。由此得出结论：应对方式对心理健康有很好的预测作用，可通过培养积极的应对方式来提高农民工群体的心理健康水平。曹运华等人[17]以症状自评量表（SCL - 90）和自尊量表（SES）为研究工具，以 337 名农民工为对象的研究表明：农民工心理健康状况相对较差；SCL - 90 各因子和自尊得分之间呈显著的负相关。由此得出结论：农民工的心理健康主要受生理因素、心理相关自评因素等影响，约 1/5 的农民工心理健康状况高于临界值。农民工心理健康问题值得重视与研究。针对农民工的心理困境，刘亚敏[18]提出了对农民工群体进行心理疏导的思路和对策：①改变计划经济时代形成的城乡二元结构，实施有利于改变农民工境遇的政策措施。②加大社会各界对农民工弱势群体的援助与扶持力度，实现国家权力和公共权利的良性互动。③建立弱势群体心理疏导机制，激活其精神动力。

第四类为女性农民工的主观幸福感。包含身份认同、女性农民工、主观幸福感、途径 4 个关键词。钟歆等人[19]的研究表明：女性农民工逐渐开始认同自己的城市人身份，但外界对女性农民工的刻板印象以及父权社会的传统观念仍然给女性农民工的身份认同造成了困扰；在主观幸福感方面，女性农民工的主观幸福感处于中等水平，并且不存在性别差异，婚姻状况、年龄、家庭人口数、受教育程度、特定的行业、收入、人格特质、社会支持、自尊以及对社会支持的感知等诸多因素都会影响女性农民工的主观幸福感；在心理健康状况方面，各种压力使得女性农民工的心理健康状况不容忽视，而良好的婚姻状况是她们心理健康的一个保护因素。

（四）农民工心理健康研究热点知识图谱分析

将 33 个关键词构成的相异系数矩阵导入 SPSS19.0，选择 ALSCAL 多维尺度分析标准化方法，选择 Z 分数并以 Euclidean 距离为度量模型。结合多维尺度分析图及聚类分析树状图，绘制出农民工心理健康研究热点领域知识图谱，如图 10-1 所示。

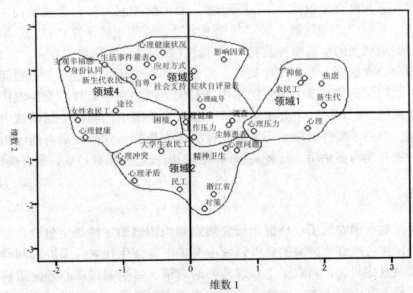

图 10-1　农民工心理健康研究热点知识图谱

此知识图谱是以向心度与密度为参数所组成的二维坐标，可以表现出研究领域内部间联系情况与影响情况。[20] 横坐标轴表示领域间相互影响强度；纵坐标轴表示某一领域内部联系强度。[21] 图中的小圆圈对应各个高频关键词在知识图谱中的位置，关键词关系越紧密，它们所代表的圆圈间的距离越近；反之则相反。根据战略坐标图的解读原则，从图 10-1 可以看出，导致新生代农民工心理问题的因素（领域 1）主要集中在第一象限，表明其与主题间联系紧密并处于整个研究的核心地位，具有较高的密度和向心度，各个关键词之间连接紧密是现在国内农民工心理健康研究中的重点与热点，与其他四个研究领域之间的联系也很紧密。但关键词"心理压力"和"心理"与其他关键词距离较远，处于领域边界，在该领域相对独立、聚合度较低，且关键词"心理压力"和"心理"的密度较低，内部结构有待完善，亟须更多后续研究。而"抑郁"和"农民工"两个关键词与其他关键词较近，聚合度较高，说明抑郁与农民工两者之间的关系处在一种有区别又有联系的关系中。"焦虑"和"新生代"两个关键词向心度最高，因此其研究主题处于农民工心理健康研究的核心地位。

针对农民工心理问题的对策研究（领域2）横跨二、四象限，领域密度较低，表明其内部结构有待完善，亟须更多后续研究，且大多数关键词之间的距离较远，聚合度较低。"心理问题"和"精神卫生"两个关键词的向心度最高，表明"心理问题"和"精神卫生"是该领域的研究热点。影响农民工心理健康状况的生活事件及其应对方式（领域3）主要集中在一、三象限，该词团向心度偏低，但密度比较高，虽处于研究的边缘，但是与主题间联系紧密、结构完整，在整个研究网络中具有较大的潜在重要性。女性农民工的主观幸福感（领域4）主要集中在第三象限，象限中的类团主题领域内部连接紧密，但由于与外部联系不紧密，该类团发展到一定阶段后可能因得不到有效的提升动力而消失，且各关键词间的距离较远，相对独立，聚合度较低。

四、结论

通过对我国农民工心理健康研究热点知识图谱的定性与定量分析，可以发现农民工心理健康研究的热点领域主要集中在新生代农民工心理问题的影响因素及其症状、针对农民工心理冲突的对策、影响农民工心理健康状况的生活事件及其应对方式、女性农民工的主观幸福感等方面。已有研究推动了农民工心理健康理论与实践的繁荣发展，也为农民工心理健康政策制定与完善供了参考。但与此同时也存在着不足：缺乏高质量的实证研究、缺乏农民工心理健康政策研究、针对农民工心理问题的对策研究有待提高与完善、女性农民工的主观幸福感研究应加强与外部的联系等。

本研究通过绘制热点知识图谱直观反映了我国农民工心理健康研究热点的聚合离散情况，应加强针对农民工心理问题的对策研究，未来研究还可尝试寻找新的研究方法和分析工具，对国外的相关研究成果进行分析，以期取得更有价值、更有意义的研究结论。

参考文献

[1] 倪影. 新生代农民工心理健康问题研究——以阜阳市新生代农民工为例[D]. 重庆：西南政法大学，2012.

[2] 蒋善，张璐，王卫红. 重庆市农民工心理健康状况调查[J]. 心理科学，2007，30 (1)：216-218.

[3] 钱胜，王文霞，王瑶. 232 名河南省农民工心理健康状况及影响因素[J]. 中国健康心理学杂志，2008，16 (4)：459-461.

[4] 荆树蓉，赵大良，葛赵青，等. 科技文献词频评价法的构建思路[J]. 编辑学报，2012 (1)：94-96.

[5] 李彬，纪伟. 吉林省新生代农民工心理健康状况及影响因素分析[J]. 中国农村卫生事业管理，2016，36 (4)：478-481.

[6] 周小刚，李丽清. 新生代农民工社会心理健康的影响因素与干预策略[J]. 社会科学辑刊，2013 (2)：74-80.

[7] 唐燕儿，刘艳丽. 新生代农民工心理健康影响因素与对策——基于广州市的调查[J]. 广州广播电视大学学报，2016，16 (1)：39-42.

[8] 陈艳玲，叶霖，张俊杰，等. 安徽省新生代农民工心理健康状况调查分析[J]. 蚌埠医学院学报，2015，40 (3)：388-392.

[9] 杨廷忠，黄汉腾. 社会转型中城市居民心理压力的流行病学研究[J]. 中华流行病学杂志，2003，24 (9)：760-764.

[10] 何雪松，陈蓓丽，刘东. 上海青年农民工的压力与心理健康研究[J]. 当代青年研究，2006 (11)：22-25.

[11] Theorell T, Rahe R H. Psychosocial factors and myocardial infarction. I. An inpatient study in Sweden. [J]. Journal of Psychosomatic Research, 1971, 15 (1): 25-31.

[12] Sarason I G, Johnson J H, Siegel J M. Assessing the impact of life changes: development of the Life Experiences Survey. [J]. Journal of Consulting & Clinical Psychology, 1978, 46 (5): 932.

[13] 廖传景. 青年农民工心理健康及其社会性影响与保护因素[J]. 中国青年研究，2010 (1)：109-113.

[14] 楚向红. 大学生农民工心理健康问题研究[J]. 河南农业，2012 (20)：47-48.

[15] 钱胜，王文霞，王瑶. 232 名河南省农民工心理健康状况及影响因素[J]. 中国健康心理学杂志，2008，16 (4)：459-461.

[16] 李祚山，王思阳，卢淋淋，等. 农民工应对方式与心理健康的特点及其关系[J]. 现代预防医学，2013 (4)：690-693.

实证篇

[17] 曹运华，牛振海，张丽宏. 农民工心理健康与自尊自我效能的相关研究[J]. 齐齐哈尔医学院学报，2010（12）：1933－1934.

[18] 刘亚敏. 农民工群体的心理困境与疏导策略[J]. 农业经济，2009（7）：8－10.

[19] 钟歆，肖清滔. 女性农民工心理研究现状与展望[J]. 重庆第二师范学院学报，2014，27（2）：34－37.

[20] Law J，Bauin S，Courtial J P，et al. Policy and the mapping of scientific change：A co-word analysis of research into environmental acidification[J]. Scientometrics，1988，14（3－4）：251－264.

[21] 曹志杰，冷伏海. 共词分析法用于文献隐性关联知识发现研究[J]. 情报理论与实践，2009，32（10）：99－103.

第十一章　农民工心理健康
及其社会性影响与保护因素

一、问题提出

国家统计局调查显示，截至 2008 年 12 月 31 日，大陆农民工总数 2 亿 2542 万人，其中外出农民工 1 亿 4041 万人。进城务工的农民是城市里的特殊群体，他们工作劳顿、收入低下、生活清贫，在就业竞争、法律维权、子女教育、安全维护等方面常常遇到困难和压力，产生强烈的心理矛盾与冲突，出现不同程度的心理偏差和心理障碍。而青年农民工是农民工队伍中年纪较轻、文化程度相对较高、期望与抱负远大的一部分，但是他们的社会阅历较浅、职业技能相对较差、社会化程度不高，在陌生的城市里更容易出现各种心理问题，值得各方关注。

前人探究农民工的心理健康多从政策层面、社会环境和职业影响等角度展开[1][2][3]，农民工心理健康的普查也做了不少[4][5]，但关于青年农民工的研究尚处于起步阶段。作为城市里相对弱势的社会群体，青年农民工的心理健康状况及群内差异分布如何、社会交往方式对心理健康有什么样的影响、社会支持系统对心理健康的保护与支持效应如何？还是一个值得研究的课题。

本研究以年龄在 30 岁以下的青年农民工为对象，分析其心理健康现状及其与社交回避及苦恼、社会支持的关系，从社交回避及苦恼、社会支持这两个因素的角度，为农民工心理健康问题的解析、预防和干预提供心理学依据。

二、对象与方法

（一）对象

以温州市瓯海经济开发区 8 家民营企业的青年农民工为调查对象，采取

实
证
篇

随机抽样的方法选取调查对象，发放问卷400份，回收384份，有效问卷358份，有效率89.5%，样本平均年龄23.39±4.11岁。具体分布：

男226人（63.1%），女132人（36.9%）；未婚227人（63.4%），已婚133人（36.6%）；小学25人（7.0%），初中257人（71.8%），高中及中专68人（19.0%），大专及以上8人（2.2%）。

（二）方法[6]

1. 症状自测量表（SCL-90）

采用症状自评量表（SCL-90），该量表有90个项目9个因子（躯体化、强迫、人际关系、抑郁、焦虑、敌对性、恐怖、偏执和精神病性），各项目均采用5级评分（从无到严重）。施测时均按量表指导的要求，统一使用指导语和方法，个人独立完成。

2. 社交回避及苦恼量表（SADS）

采用Watson和Friend编制的社交回避及苦恼量表（SADS）。本量表含有28个条目，包含回避分量表和苦恼分量表，回避是一种行为表现，苦恼则为情感反应。量表采用"是—否"评分制，得分范围从0（最低程度的回避及苦恼）到28（最高的一级）。内部一致性相当高，其均值与条目总的相关系数均值为0.77，4个月的重测相关信度为0.68，回避与苦恼分量表的信度系数分别为0.87和0.85。

3. 社会支持量表（SSRS）

该量表由肖水源编制，共10个条目，有客观支持（即个体所接受到的实际支持）、主观支持（即个体所能体验到的或情感上的支持）和对支持的利用度（支持利用度是反映个体对各种社会支持的主动利用，包括倾诉方式、求助方式和参加活动的情况）3个分量表。总得分和各分量表得分越高，说明社会支持程度越高。该量表经长期使用表明设计基本合理，有效简便，条目易于理解无歧义，具有较好的信度和效度，重测信度为0.92，各条目的一致性在0.89—0.94之间，适合我国人群使用。

（三）数据统计与处理

使用SPSS12.0统计软件包对数据进行分析。

三、结果

（一）青年农民工心理健康状况及组间差异

SCL-90各因子分及总分如表11-1所示，经与全国常模比较，各项得分均非常明显地高于全国常模。分别以性别、婚姻和文化程度变量为组间变量，另外六个人口学变量为协变量，对 SCL－90 进行多元协方差分析。结果发现，不同性别的农民工在"恐怖"与"偏执"上存在显著差异；不同婚姻状态的青年农民工除了"躯体化"外，其余项目均有显著的差异，文化程度变量也明显区分出了"人际关系敏感"和"敌对"。

表 11－1　青年农民工 SCL－90 诸变量上的差异检验

项　目	青年农民工数据（M±SD）	全国常模（M±SD）	t	性别（F）	婚姻（F）	文化程度（F）
躯体化	1.49±.45	1.37±0.48	6.226**	.036	1.259	.937
强迫症状	1.81±.58	1.62±0.58	7.578**	.511	18.723**	1.329
人际关系敏感	1.74±.62	1.65±0.51	3.394**	.073	40.288**	3.031*
抑郁	1.64±.59	1.50±0.59	5.608**	.685	29.093**	2.147
焦虑	1.55±.51	1.39±0.43	6.872**	.121	34.802**	.961
敌对	1.65±.61	1.48±0.56	6.265**	.001	9.503**	5.577**
恐怖	1.44±.50	1.23±0.41	9.440**	7.637**	22.585**	1.428
偏执	1.54±.50	1.43±0.57	5.138**	6.954**	32.278**	1.587
精神病性	1.52±.51	1.29±0.42	10.304**	.380	25.872**	1.216
SCL－90 总分	141.73±46.07	129.96±38.76	7.779**	.291	29.758**	1.646

注：* $p < 0.05$　** $p < 0.01$。

（二）心理健康与社交回避及苦恼、社会支持的相关分析

调查发现，SADS 各项与 SCL－90 各项均呈现非常明显的正相关；SSRS 与 SCL－90 呈现非常明显的负相关，与主观支持相比，客观支持与 SCL－90 的关联度相对较低，与躯体化、强迫症状、抑郁、敌对、偏执和精神病性的皮尔逊相关度未达到较高水平。具体如表 11－2 所示。

表 11-2 青年农民工 SADS、SSRS 与 SCL-90 的相关分析

项　目	社交回避	社交苦恼	SADS 总分	客观支持	主观支持	支持利用度	SSRS 总分
躯体化	.246 **	.324 **	.339 **	-.026	-.388 **	-.304 **	-.300 **
强迫症状	.242 **	.337 **	.348 **	-.052	-.506 **	-.335 **	-.398 **
人际关系敏感	.236 **	.296 **	.321 **	-.101 *	-.463 **	-.317 **	-.414 **
抑郁	.281 **	.352 **	.377 **	-.069	-.547 **	-.341 **	-.435 **
焦虑	.273 **	.396 **	.399 **	-.126 **	-.495 **	-.355 **	-.443 **
敌对	.280 **	.338 **	.364 **	-.046	-.451 **	-.304 **	-.337 **
恐怖	.131 **	.216 **	.214 **	-.148 **	-.315 **	-.290 **	-.358 **
偏执	.204 **	.347 **	.337 **	-.058	-.427 **	-.281 **	-.341 **
精神病性	.279 **	.349 **	.367 **	-.065	-.502 **	-.322 **	-.390 **
SCL-90 总分	.300 **	.391 **	.412 **	-.093 *	-.573 **	-.383 **	-.472 **

注：* P<0.05 ** <0.01。

（三）心理健康的回归分析

以 SCL-90 总分为因变量，分别让 7 个人口学变量以及 SADS 和 SSRS 分两步进入回归方程，进行多元分层回归。结果如表 11-3 所示，婚姻变量在第二个方程中的预测作用均达到了非常高的水平，引入 SADS 与 SSRS 变量后，SADS 的因子均进入了回归方程，"客观支持"没有进入回归方程。

表 11-3 SADS、SSRS 等对 SCL-90 总分的回归分析

预测因子	方程 1		方程 2	
	β	B	β	B
（常量）		172.038		241.847
性别	0.022		0.067	

预测因子	方程 1		方程 2	
	β	B	β	B
婚姻	− 0.234 **	− 20.322	− 0.147 **	− 12.719
文化程度	− 0.040		− 0.005	
打工年限	0.071		0.006	
年龄	0.037		− 0.040	
收入	− 0.019		0.014	
原籍（城乡）	0.084		0.015	
社交苦恼			0.214 **	2.484
社交回避			0.116 **	1.596
客观支持			− 0.062	
主观支持			− 0.318 **	− 4.369
支持利用度			− 0.324 **	− 7.694
R^2	0.055		0.433	
调整的 R^2	0.053		0.428	
△F	29.758 **		10.151	

注：* $P < 0.05$　** $P < 0.01$。

（四）社交回避及苦恼与社会支持对心理健康的路径分析

以社会支持这个因素为调节或中介变量，检验社交回避及苦恼是否会通过社会支持来调节心理健康，或发挥中介效应。[7] 首先是调节效应检验。对职业倦怠和自我和谐进行中心化，分别以人口学变量、社交回避及苦恼、社会支持、二者乘积（社交回避及苦恼×社会支持）为预测变量进行多元分层回归。结果显示，乘积变量的回归系数变化非常明显（β = − 0.104，t = − 2.890，p < 0.01），R^2 的改变都十分明显，这表明，社会支持在社交回避及苦恼和心理健康之间起到了显著的调节作用。中介效应检验发现，引入"社会支持"因素前后，社交回避及苦恼对身心健康均有显著的预测作用，方程 1、方程 2 的 F 值改变不显著，同时社交回避及苦恼对社会支持的预测也达到

了较高水平，这表明社会支持在社交回避及苦恼和心理健康之间只起到部分中介作用（Sobel Z = 0.885，p > 0.05）。详见表 11 - 4。变量路径关系详见图 11 - 1。

表 11 - 4　SADS、SSRS 等对 SCL - 90 总分的路径分析

预测因子	心理健康为因变量		社会支持为因变量
	方程 1（β）	方程 2（β）	方程 3（β）
婚姻	- 0.234 **	- 0.159 **	0.121 **
社交回避及苦恼	0.399 **	0.328 **	- 0.190 **
社会支持		- 0.371 **	
△F	102.948 **	101.626 **	19.378 **

注：* P < 0.05　** P < 0.01。

图 11 - 1　社交回避及苦恼与社会支持对心理健康的影响路径关系图

四、讨论

从调查结果来看，SCL - 90 所有因子及总分均非常明显地高于全国常模，这与国内同类研究结果一致[8][9]，说明城市青年农民工心理健康整体情势令人担忧。农民工在城市里从事最辛苦的工作，与一般城市居民相比，生活环境差，工作关系紧张，职业与生活压力较大，人际交往也较为封闭，多数情况下处于被忽略、受漠视的境地，造成了他们对城市、对城市居民的隔膜，其敌对性、焦虑心理等项目的得分偏高，充分说明其心理世界的无奈和困惑。

比较检验发现，女性的恐怖性心理显著高于男性，男性的偏执心理显著高于女性。这种差异说明了在辗转漂泊的生涯中，女青年对工作环境、生活稳定性有更高的诉求和需要，更加感受到安全感和归属感的缺乏。而男青年在对待生活、工作等往往容易执拗于个人的意见，不容易听进他人观点，更不易与群体其他成员融合。已婚农民工的心理健康水平显著高于未婚者，婚

姻给他们的生活和心理带来了巨大的改变，带来了更多的安定感、幸福感和满足感。不同文化程度的青年农民工在感受生活紧张、职业压力时的心态迥然相异，初中及以下文化程度的农民工的心理与行为问题最为突出。求学经历少，文化学识积淀浅薄，他们漂移于城乡、游离于职业之间，把握自身命运、控制自己生活的能力有限[10]，因而容易在城市中迷失自我。

SADS 与 SCL - 90 存在的显著的正相关，说明社交回避及苦恼程度越高，心理健康状态就越差。社交回避及苦恼分别指回避社交的倾向和身临其境时的苦恼感受，是一种持续、显著地对社交情形的焦虑，基本特征是对暴露在陌生人面前或可能被人注视的社交场合产生过强的畏惧，外表表现为孤僻、独来独往等。[11]由于文化背景的差异以及世俗的偏见，异地从业的青年农民工往往难以融入城市社会的主流文化中，很难与城市居民实现良好交往。大多数人封闭在农民工群体内部，容易临时集结成"同乡"等小团体，但各小团体之间、小团体内部也常会起争执或摩擦，由此导致人际关系难以适应。[12]城市农民工是城市社会的弱势群体，从现实的情况看，大多数流入城市的农民就业渠道主要是靠以亲缘、地缘为主的社会关系，通过非正式途径就业，他们都不同程度地存在着"边缘人"的身份认同危机。[13]正是这种身份认同危机，让他们感受到更多的孤立、歧视或敌对，由于被孤立而回避社交，由于回避正常交往而丧失同等发展的机会。若走不出自我封闭的狭小空间，将导致一系列连锁心理症状，诸如自卑、自傲、抑郁、自私、孤独、无助、固执等。[14]社交回避及苦恼是影响青年农民工心理健康重要的因素之一。

日常生活经验告诉我们，得到的社会支持越多或感受到的支持力量越大，则人们的心理健康水平就会越高。本次调查结果印证了这一观点，SSRS 分值越高，发生心理阳性症状的概率就越低。有效的社会支持能增强耐受、应付和摆脱紧张处境的能力，对心理健康是有好处的。农民工的社会支持现状是他们远离家乡，难以直接获得亲人的支持；多从事临时性工作，缺乏有效的组织依靠；他们在权力、地位和社会声望方面处于劣势，也几乎没有可利用的稀缺资源或特殊等价物参与到城市更广泛的社会交换中，去换取自我发展的资源和机会。[15]这样一个缺乏保护、缺乏保障的群体，他们的权利常常受到侵犯，然而在现有的体制下，他们没有自己的正规组织，也很难通过工会、妇联等组织发表自己的意见，还经常受到歧视，这种歧视心理已经扩展到了社会生活的大多数领域，并产生了各式各样的具体表现形态[16]，这种身份性的歧视对于农民工的心理健康产生了极大的负面影响。本次调查揭示了青年农民工的心理健康水平显著低于全国常模，从反面说明了给予他们构建社会

实
证
篇

支持系统以帮助是十分必要的。

回归分析证实，婚姻、社交回避及苦恼和社会支持变量共同作用、预测了身心健康42.8%的变异，回归方程为：心理健康＝241.847－12.719×婚姻＋2.484×社交苦恼＋1.596×社交回避－4.369×主观支持－7.694×支持利用度。从方程得知，婚姻对心理健康具有保护作用，对心理健康起负向影响的因素是社交回避及苦恼，而起正向预测作用的是主观上的支持和支持利用度。婚姻是治疗心病的良药，婚姻与家庭让青年农民工在处理社会关系、谋求更高生活质量、保持职业稳定、建立良好人际关系、减少敌对性等方面表现出更多的理性行为，因而，婚姻对心理健康具有重要的保护作用。研究发现，SADS得分较高的人，在实际交往中焦虑程度也较高，其参加小组讨论的兴趣也较低[17]，在主动参与社会、完善自身人格、塑造和谐心灵方面，社交回避及苦恼显然起到了阻碍作用。研究发现，与客观支持相比，主观支持与SCL－90的关联更为显著，这与苏莉她们的研究结论相符[18]，这是因为感受到的支持比客观支持更有意义，虽然感受到的支持不是客观现实，但是被感知到的现实却是心理的现实，而正是心理的现实作为实际（中介）的变量影响人的行为和发展。但是，并不是说客观支持没有意义，虽然主观体验到的社会支持存在较大个体差异，但是它总是有一定客观基础的。[19]城市农民工来自中国广大农村，中国农民普遍具有善良、淳朴的特征，在没有现实的支持情况下，会更加期待精神上的支持、心理上的关爱和道义上的帮助。

在控制了7个人口学变量（性别、婚姻、打工年限、文化程度、年龄、收入和原籍）的条件下，社交回避及苦恼对心理健康有显著的直接预测关系，社会支持对心理健康发挥了较高水平的调节作用。但是社会支持是否是社交回避及苦恼与心理健康之间的中介因素？关于社会支持对心理健康的作用的研究结果主要分为两种模型，即主效果模型和缓冲器模型。[20]主效果模型认为社会支持具有独立作用，能对维持一般的良好情绪体验起作用，而缓冲器模型则认为社会支持只对应激状态下的个体起保护作用。中介效应检验发现，社交回避及苦恼作为青年农民工心理健康的应激源之一，对身心健康有显著的直接预测关系，标准系数为0.399，引入社会支持变量后，社交回避及苦恼通过社会支持而对身心健康变化的预测也产生了显著效应，但F值变化不显著，因而社会支持在社交回避及苦恼与心理健康之间的中介作用未达到较高水平。本研究证实，对城市青年农民工来说，社会支持对心理健康发挥了主效果模型作用，发挥了调节效应，产生了保护作用。

五、结论

当前青年农民工的心理健康状况令人担忧；婚姻、性别与文化程度因素均能区分心理健康的部分差异；社交回避及苦恼与心理健康呈现高度正相关，社会支持则与其呈现高度负相关；婚姻、社交回避及苦恼、主观支持和支持利用度对心理健康的预测作用达到了较高水平；社交回避及苦恼是心理健康重要的影响因素之一，社会支持对心理健康发挥调节效应。

如何提升青年农民工的心理健康水平？相关部门要采取切实、有效的措施给他们提供有效的社会支持，改善他们的生活状况和就业环境，保护其合法权益，丰富其业余生活等。同时还要加强对青年农民工的引导，帮助他们调整自己的个体评价系统并学会充分利用外部帮助，增强其心理自我调节能力，预防和解决心理问题。同时，农民工自身也要学习和城市里的陌生人打交道，在交往的过程中，加深相互的理解和感情，不断地建立新的社会关系。

参考文献

[1] 袁素瑛. 重视农民工的心理问题，构建和谐社会[J]. 西安航空技术高等专科学校学报，2005（6）：41-43.

[2] 窦开龙，赵锋. 农民工弱势心理透析——甘肃省855名农民工的调查访谈与实证研究[J]. 发展月刊，2005（11）：44-46.

[3] 罗敏，高源. 建筑工地外来务工人员心理卫生状况调查[J]. 现代预防医学，2004（1）：24-25.

[4] 康洁，熊和平. 浙江省农民工心理健康透视及其对策[J]. 宁波职业技术学院学报，2005（4）：11-14.

[5] 朱考金. 城市农民工心理研究——对南京市610名青年农民工的调查与分析[J]. 青年研究，2003（6）：7-11.

[6] 汪向东. 心理卫生评定量表手册[M]. 北京：中国心理卫生杂志（增订版），1999：31-35，241-243，127-131.

[7] 温忠麟，侯杰泰，张雷. 调节效应与中介效应的比较和应用[J]. 心理学报，2005，37（2）：268-274.

[8] 刘衔华. 春节返乡农民工心理健康调查[J]. 现代预防医学，2006，33（12）：1926-1927.

实
证
篇

[9] 孙崇勇. 东北地区民工心理卫生状况的调查与分析[J]. 中国健康心理学杂志，2007，15（5）：460-460.

[10] 任柏强，等. 移民与区域发展——温州移民社会研究[M]. 北京：人民日报出版社，2008：171-172.

[11] 宋广文，郝丙辉. 学生社交回避行为、苦恼体验状况及其与父母教养方式关系的研究[J]. 中国健康心理学杂志，2005，12（2）：133-135.

[12] 骆焕荣，温国民，刘剑涛，等. "三资"企业女劳工心理状态调查结果分析[J]. 中国临床心理学杂志，1995，3（3）：171.

[13] 李良进，风笑天. 试论城市农民工的社会支持系统[J]. 内蒙古工业大学学报（社会科学版），2003，12（23）：12-16.

[14] 邓湘云. 大学生心理健康水平与心理障碍相关研究[J]. 南昌航空工业学院学报. 2001，3（4）：66-67.

[15] 李良进，风笑天. 试论城市农民工的社会支持系统[J]. 内蒙古工业大学学报（社会科学版），2003，12（23）：12-16.

[16] 袁亚愚. 对近年来歧视进城务工农民现象的思考[J]. 社会科学研究，1997（6）：49-55.

[17] Watson, D., & Friend, R. Measurement of social-evaluative anxiety [J]. Journal of Consulting and Clinical Psychology, 1969, 33：448-457.

[18] 苏莉，韦波，凌小凤. 建筑工地农民工社会支持与心理健康相关分析[J]. 现代预防医学，2009（6）：1096-1097.

[19] 肖水源. 《社会支持评定量表》的理论基础与应用研究[J]. 临床精神医学杂志，1994，4（2）：98-100.

[20] 李强. 社会支持与个体心理健康[J]. 天津社会科学，1998（1）：67-70.

第十二章 农民工心理症状 及影响因素：未婚与已婚的比较

一、问题提出

关注农民工的心理健康，是一个中国特色的研究课题。近年来，随着国内外学者对农民工心理问题研究的深入，涉及各种不同类型的农民工群体，如新生代农民工、建筑业农民工、返乡农民工和创业农民工等，研究内容从早期的现状调查转向探讨与心理问题密切相关的影响因素，如社会支持、社会融入、职业生存状况、自尊、主观幸福感以及需要心理等。在众多影响心理健康的因素中，农民工的社会交往及心态与社会支持是重要的内外兼具的影响因素。

农民工是城市里的弱势群体，他们的社会处境普遍较差，既缺乏保护和保障，又缺少自我救助的能力。广大农民工离开故土，奔走他乡，很难通过工会、妇联等维护自己的权益，经常受到歧视，无法平等表达自己的诉求，这种歧视遍及他们生活的大多数领域，并且有各式各样的表现形态，使他们处于整体较差的社会生活处境之中。在这种较差的生活处境中，农民工在交往过程中普遍感受到较低的愉悦感和满意感，出现了更多的焦虑心理、痛苦感受。因此，农民工封闭自我，与外界仅保留消极联系的倾向比较明显，部分人甚至回避了必要的社会交往。心理学研究证实，人际交往及由此建立起来的人际关系对个体保持心理健康是十分重要的，人际关系状况部分地解释了心理健康变量[1]，Tuinman[2]发现即使个体身患疾病，如若拥有良好的人际关系，也会拥有高水平的自尊和心理健康状态。离开农村，舍弃农业的农民工由于各方面的原因在社会交往方面表现出消极回避倾向，并感受到交往带来的苦恼，这对他们心理的健康会产生什么样的影响？回避交往的行为意向和感受交往痛苦的心态在多大程度上预测了农民工心理症状，还需要进一步探讨。

学者们在探讨社会交往影响个体心理健康的过程中，大量涉及了与社会交往有关的因素，如社会认知与个体感受到的支持等。Elisabeth 等人[3]研究发现，与个体接触的他人的数量、感受到的他人的理解、自我满意感和人际冲突的严重性、个体寻求社会支持的意愿等，对社会支持发挥对心理健康的效用具有重要的意义。Barbara 等人[4]提出，如果个体认为自己有人际无能焦虑感与社会拒斥感，就会影响到个体对社会支持的感知。Bonnie 等人[5]发现个体在心理健康状态不佳的时候，所感知到的社会支持对恢复健康具有显著的效应。Brian 等人[6]的研究也支持了这一结论，他们认为个体在人际交往过程中感受到的支持对其维持健康心态具有重要作用。众多的研究成果都指出社会支持对心理健康的积极作用，社会支持对个体心理健康发挥了"主效应"和"缓冲器"作用[4][7]，有助于减轻心理症状，并产生保护效应。[8]农民工的社会支持对其维护心理健康具有什么样的作用？来自家庭的物质和精神支持都是个体社会支持的重要内容，研究发现婚姻对农民工的身心健康、家庭幸福等具有显著的预测作用[9]，来自家庭的社会支持对于农民工应对社交回避及苦恼的影响，在多大程度上可以帮助其缓解心理症状？已婚和未婚的农民工在利用所获得的社会支持资源、应对消极社会交往可能产生的负面影响的过程中，存在什么样的差异？哪些社会支持的要素可以帮助处于不同婚姻状态的农民工恢复心理健康？这些都是值得研究的课题。

近年来关于农民工心理健康的研究方兴未艾，但关于心理健康影响机制的综合性研究还不多，在研究方法上，借助结构模型来探讨农民工心理症状影响因素的研究也不多。本研究试图通过结构方程模型来揭示社交回避及苦恼、社会支持如何对心理症状产生作用，为有效开展农民工心理卫生工作提供依据。

二、研究方法

（一）研究对象

研究选取在浙江省温州市部分民营企业务工的农民工为调查对象，随机发放问卷 500 份，回收 484 份，有效问卷 407 份，有效率 84.09%。样本平均年龄为 26.46 ± 4.78 岁，具体分布：男 268 人（65.8%），女 139 人（34.2%）；未婚（含离婚）223 人（54.8%），已婚（含再婚）184 人（45.2%）。

（二）研究工具

1. 社会支持量表（SSRS）

采用肖水源编制的社会支持量表[10]，该量表共 10 个条目，包含客观支持、主观支持和支持利用度 3 个维度。总分及各维度得分越高，则个体得到的社会支持程度越高。该量表的重测信度为 0.92，各条目的一致性在 0.89—0.94 之间，适合我国人群使用。本研究中该量表的 α 系数为 0.711。

2. 社交回避及苦恼量表（SADS）

采用 Watson 和 Friend 编制的社交回避及苦恼量表[11]，该量表有 28 个条目，包含社交回避和社交苦恼 2 个维度。采用"是—否"评分制，得分越高表示回避及苦恼现象越严重，其均值与条目总相关系数均值为 0.77，4 个月的重测系数为 0.68。本研究中该量表的 α 系数为 0.845。

3. 症状自测量表（SCL - 90）

采用 Derogatis 编制的症状自评量表[12]，该量表有 90 个项目 9 个因子（躯体化、强迫、人际关系、抑郁、焦虑、敌对性、恐怖、偏执和精神病性），各项目均采用 5 级评分（从无到严重）。本研究中该量表的 α 系数为 0.955。

（三）数据统计与处理

使用 SPSS20.0 与 AMOS20.0 统计软件包对数据进行分析。

三、结果

（一）农民工心理症状、社交回避及苦恼与社会支持总体状况及比较

调查结果显示，农民工心理症状得分整体上显著高于全国常模，心理症状总体检出率达 24.75%，除了躯体化、人际敏感和抑郁因子外，其余问题均较全国常模更为严重。以性别变量进行差异检验，发现女性的恐怖得分显著高于男性，而男性的偏执得分显著高于女性，其余无显著差异；以婚姻变量进行差异检验，发现除了躯体化因子外，其他各因子及总分均是未婚显著高于已婚（见表 12 - 1）。

农民工的社交回避及苦恼的总分为 10.47 ± 5.39，社交回避分量表得分为 4.60 ± 3.06，社交苦恼分量表得分为 5.86 ± 3.49。社交回避及苦恼总分（F = 4.782，p = 0.029）和社交苦恼（F = 7.861，p = 0.005）存在显著的性

实
证
篇

别主效应，还存在显著的婚姻主效应（F = 5.624，p = 0.018；F = 5.423，p = 0.020）。农民工的社会支持总分为 37.47 ± 5.91，各因子得分客观支持为 19.56 ± 4.16，主观支持为 9.58 ± 3.06，支持利用度为 8.32 ± 1.74。总分及因子分不存在性别主效应，总分（F = 8.584，p = 0.004）和主观支持（F = 20.092，p < 0.001）存在显著的婚姻主效应。

表 12 - 1　农民工心理症状总体状况、检出率及差异比较

项目	样本 （n = 407）	全国常模 （n = 1308）	t	阳性症状 检出率（%）	性别（t）	婚姻（t）
躯体化	1.50 ± 0.45	1.37 ± 0.48	1.791	11.76	0.894	0.825
强迫	1.81 ± 0.57	1.62 ± 0.58	4.139 **	31.37	0.966	2.794 **
人际敏感	1.73 ± 0.60	1.65 ± 0.51	0.347	25.74	-0.072	4.968 **
抑郁	1.62 ± 0.57	1.50 ± 0.59	1.853	20.59	0.914	4.770 **
焦虑	1.53 ± 0.50	1.39 ± 0.43	3.417 **	16.18	0.843	4.931 **
敌对	1.62 ± 0.59	1.48 ± 0.56	2.797 **	19.11	0.559	3.595 **
恐怖	1.42 ± 0.48	1.23 ± 0.41	6.669 **	11.76	-2.013 *	3.922 **
偏执	1.53 ± 0.49	1.43 ± 0.57	2.765 **	17.40	2.353 *	4.757 **
精神病性	1.51 ± 0.49	1.29 ± 0.42	6.815 **	12.25	1.328	5.056 **
SCL - 90 总分	143.16 ± 40.92	129.96 ± 38.76	3.833 **	24.75	1.017	4.545 **

注：* p < 0.05　** p < 0.01。

（二）农民工心理症状、社交回避及苦恼与社会支持的交互效应

以"性别×婚姻"进行交互效应检验发现，农民工心理症状总分（F = 2.304，p = 0.130）、社交回避及苦恼总分（F = 1.462，p = 0.227）、社会支持总分（F = 3.527，p = 0.061）的交互效应均不显著（见图 12 - 1、图 12 - 2、图 12 - 3）。总体趋势是未婚农民工的心理症状重于已婚者，已婚农民工的社会支持又多于未婚者。

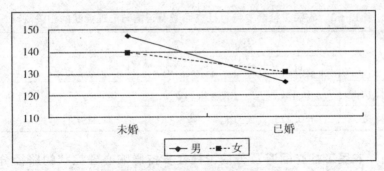

图 12-1　心理症状交互效应

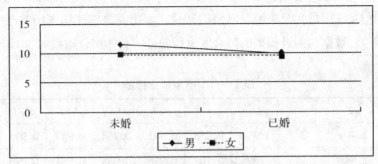

图 12-2　社交回避及苦恼交互效应

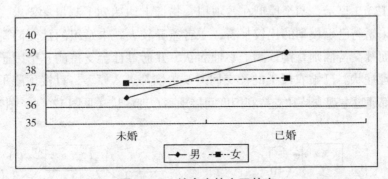

图 12-3　社会支持交互效应

（三）农民工社交回避及苦恼、社会支持与心理症状的相关：未婚与已婚的比较

相关分析发现，无论未婚还是已婚，农民工的社交回避及苦恼、社会支持与心理症状彼此之间均存在非常紧密的相关性，总体上未婚组的绝对值要高于已婚组（见表 12-2）。

表 12-2 农民工社会支持、社交回避及苦恼与心理症状的相关 (r)

比较点	未婚		已婚	
	社交回避及苦恼	社会支持	社交回避及苦恼	社会支持
心理症状	0.421**	-0.512**	0.338**	-0.378**
社会支持	-0.225**	1	-0.229**	1

（四）农民工社交回避及苦恼、社会支持影响心理症状的路径分析：未婚与已婚的比较

为进一步揭示社交回避及苦恼是如何通过社会支持因素而影响心理症状，探讨三者的相互作用过程及未婚、已婚的差异，本研究分别建构未婚与已婚的结构方程模型，对数据与假设模型的拟合度进行验证。具体拟合指数如表 12-3 所示。

表 12-3 模型拟合指数

模型	χ^2	df	χ^2/df	p	GFI	AGFI	NFI	CFI	RMSEA
未婚	2.709	2	1.354	0.258	0.995	0.964	0.983	0.995	0.040
已婚	1.898	1	1.898	0.168	0.996	0.938	0.981	0.990	0.070

表 12-3 显示，两个模型在各项拟合指标上均达到了测量学要求，拟合良好。从未婚与已婚模型的比较来看，二者差异较大。未婚组的社交回避未进入模型，而社交苦恼则直接预测了心理症状，并通过社会支持的三个因子间接预测了心理症状。已婚农民工的社交回避及苦恼都进入模型，直接预测了心理症状，且都通过主观支持和支持利用度间接预测心理症状（见图 12-4、图 12-5）。

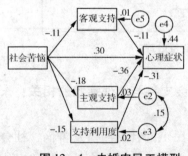

图 12-4 未婚农民工模型

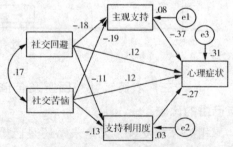

图 12-5 已婚农民工模型

四、讨论

（一）农民工心理症状、社交回避及苦恼与社会支持的现状分析

调查结果显示，农民工心理症状得分整体上显著高于全国常模，总分的阳性检出率接近1/4，与国内同类研究结果一致，说明当前农民工群体心理健康状况整体堪忧。本研究中农民工心理症状最突出的是强迫、焦虑、敌对、偏执等，这与农民工在城市里的生存处境差、工作压力大、收入低、保障缺乏、频受歧视等因素密切相关。农民工的生存与发展问题，是当前我国经济社会发展绕不过的一个大问题。群体差异检验发现，女性农民工的恐怖因子得分显著高于男性，而男性农民工的偏执因子得分又显著高于女性。这种差异说明了女性农民工对稳定工作、良好生活环境和心理安全感有更多的诉求，而男性农民工在工作和生活过程中，由于敏感和自卑，既容易自我防卫，在接纳社会和他人方面又不善于圆通融合。

关于农民工社交回避及苦恼的调查结果，目前尚无合适的相关数据可供比较，不过仍可通过对农民工社会处境的分析和描述来确定农民工对社交及过程的感受。大多数农民工主要靠以亲缘、地缘为主的非正式途径就业，在城市里不同程度地存在"边缘人"的身份认同危机，正是这种身份认同危机，让他们感受到更多的孤立、歧视和敌对，容易因为被孤立而回避正常的社会交往。群体差异检验发现，女性农民工的社交苦恼得分显著高于男性，体验到更多的由社会交往带来的焦虑与苦恼，女性农民工的社会交往更应该得到积极的支持和保护。

从农民工社会支持的得分来看，总体处于一般水平，这也符合学界对他们在社会支持方面的界定和描述。他们远离故土，较难直接获得亲人朋友的帮助和支持，找不到有效的组织依靠，在权力、地位和声望方面处于明显的劣势，也几乎没有可利用的资源参与到城市的社会交换中，较少能争取到自我发展的资源和机会，在城市里他们更多地倚靠自我的心理韧性和耐受能力来应对困境，在物质支持不足时，更大程度地发挥精神支持的作用，这也正是这个弱势群体能在城市里顽强生息的重要原因。

（二）未婚与已婚农民工心理症状、社会支持及社交回避的差异分析

调查发现未婚与已婚农民工的心理症状、社交回避及苦恼和社会支持存在较大的差异。舒姝等人[9]认为婚姻是影响农民工心理症状、社交行为与感受的重要因素，婚姻给农民工的生活和心理带来更多积极的能量，如安定感、

实
证
篇

幸福感和满足感。农民工在异乡工作，生活和工作条件较差，人际交往较为封闭，所获支持也较为单薄，常常感到无助或受漠视，很自然的，婚姻及由婚姻带来的能量，对他们改善自身的心理症状和调整社会交往心态便具有重要价值。Amiram 等人[13]发现家庭能为个体提供持续的支持，家庭成员的亲近关系能增加人们获得支持的数量和种类，对心理症状具有缓解作用。这些都是婚姻及家庭给农民工身心健康带来的积极效应。

本研究中未婚农民工的社交苦恼得分显著高于已婚者，而主观支持得分则显著低于已婚者，这二者是相互关联的。未婚农民工大多数年龄较小，务工年限短，所获薪酬也较低，缺少人生或职业的主动规划。他们漂移于城乡之间，游离于职业之间，把握自身命运和独立生活的能力有限，同时，由于身心不成熟、职业未发展等各方面的原因，尚未培养起成熟和灵活的心理问题应对机制，使他们感受到了更多的苦恼，相较已婚者也缺少主观能量的激发。在自我情绪情感的管理、更高生活质量的谋求和保持职业发展方面，尚需投入更多的努力。因此，需要更多地关怀未婚农民工，特别是情感疏导、社交辅导等方面，在帮助其顺利地实现职业发展的同时，也能提高其情绪、情感的调整能力，积极融入社会。

（三）农民工社交回避及苦恼、社会支持与心理症状的相关分析

相关分析发现，无论未婚还是已婚，社交回避及苦恼与心理症状都呈显著的正相关，未婚组的相关系数高于已婚组。导致个体产生心理问题的原因，既有内在的因素，也有外在的因素。内在因素如个性心理特征、心理与行为方式（如社交易感性）等。社交回避是指回避人际交往的倾向，是一种持续、显著地对社交情形的焦虑[14]，农民工的社交回避不只是简单的足不出户，而是表现为多方面，如忽视正常交往的需要、在交往过程感到不自在不自信、害怕受忽视与歧视而表现出对群体生活的消极倾向。现实生活中，大多数农民工的社交范围相对狭窄，封闭于农民工群体内部，过度依赖于同质性群体，情感互动呈现"内卷化"的特点[15]，这种不良的社交定位、消极的社交意向和负性的社交体验，都在一定程度上加剧了心理症状。

从影响心理健康的外在因素来看，社会支持无疑具有重要的作用。对农民工这个社会弱势群体来讲，无论未婚还是已婚，社会支持都能在一定程度上缓解心理症状，但未婚组的相关系数绝对值明显高于已婚组（∣-0.512∣>∣-0.378∣）。大多数在异地务工的农民工在尝试艰难地融入城市主流文化的过程中，传统的亲缘、地缘关系是他们获得社会支持的主要来源[16]，

对于相对缺少家庭支持的未婚农民工来讲，更需要从社会支持中获得能量与资源。尽管学界对社会支持内涵的界定还存在分歧，但学界仍倾向于认为社会支持是保护人们免受压力事件不良影响的有益资源[14]，社会支持是人们应对压力的一种重要的物质资源和精神能量，其可利用度能在一定程度上减轻个体在特定情境下产生的抑郁等负性情绪。[8]

（四）农民工社会支持、社交回避及苦恼与心理症状的作用路径：未婚与已婚的差异分析

为进一步探讨不同婚姻状态的农民工其社交回避及苦恼对心理症状的预测过程，探讨社会支持因素对未婚和已婚农民工缓解心理症状效用的差异，本研究分别建构结构方程模型以揭示彼此的联系。从模型来看，两组有较大的差异。未婚组的社交回避未进入模型，社交苦恼则直接预测了心理症状（直接效应为0.30），还通过社会支持的三个因子（客观支持、主观支持和支持利用度）间接预测了心理症状（间接效应为0.12），间接效应为总体效应的28.6%。社交回避是一种行为表现，社交苦恼则是情感反应，有社交回避倾向的人，在实际交往中焦虑程度也较高，其参加小组讨论的兴趣也较低，在主动参与社会、完善自身人格、塑造和谐心灵方面，社交回避显然起到了阻碍作用。[11]对未婚农民工来讲，社交回避的作用相对较小，而社交苦恼是其心理与行为的主要影响源。由于缺少来自婚姻、家庭的支持，未婚农民工需要调动尽可能多的社会支持资源来应对社交苦恼的影响。当个体感到自己拥有能给自身提供支持的人际关系时，他们倾向于以更加积极、灵活的方式来应对压力，个体的主观支持水平越高，就越会积极地与他人建立良好的社会关系，同时也相信在自己需要的时候能够得到来自亲朋好友与社会提供的必要支持和帮助，因此对自身状况和周围环境掌控能力的信心也会不断增强，并进而提高个人应对困难和挫折的自我效能感，从而保护自己的身心健康处于良性状态。[17]

已婚农民工的社交回避和社交苦恼都直接预测心理症状（直接效应为0.24），且都通过主观支持和支持利用度间接预测心理症状（间接效应为0.20），间接效应为总体效应的45.5%。已婚组社交回避及苦恼的直接预测效应小于未婚组，同时通过社会支持的间接效应又高于未婚组，说明对已婚农民工来讲，因消极社交倾向和负性社交体验所造成的心理症状已有所减轻。Quimby等人[18]认为主观支持和支持的利用度与个体的心理健康有更紧密的关联。在社会支持中，主观感受到的支持比客观上得到的支持更能影响个体

实
证
篇

心理症状的表现。[19]得到婚姻及家庭力量的支持，对已婚农民工来讲能形成良好的支持效应。那些建立了家庭的人，感受到了更多的主观支持，并产生了积极的情感体验，可以帮助有效应对外界影响。[20]已婚农民工能通过发挥主观支持的效能，有效调动个体的内心资源，特别是主观支持，并积极利用倾诉方式、求助和参加活动等来调节自己的心理和行为，保护自身不受社交回避及苦恼的干扰。同时，婚姻是治疗心病的良药，婚姻与家庭让农民工在处理社会关系、谋求更高生活质量、保持职业稳定、建立良好人际关系、减少敌对性等方面表现出更积极的作用。

五、结论

第一，农民工心理症状整体上处于严重状态，女性恐怖心理较之男性更严重，而男性的偏执心理更严重，除了躯体化外，未婚农民工的心理症状较之已婚者更为严重；农民工的社交回避及苦恼较为常见，女性及未婚者的社交苦恼更普遍；农民工的社会支持总体处于一般水平，已婚组的主观支持显著高于未婚组。

第二，农民工社交回避及苦恼与心理症状呈显著正相关，社会支持与心理症状、社交回避及苦恼都呈显著负相关，未婚与已婚组的相关系数有较大差异。

第三，未婚农民工的社交苦恼通过社会支持间接预测心理症状；已婚农民工的社交回避与社交苦恼都对心理症状产生影响，并通过主观支持和支持利用度产生间接预测效应；社会支持对已婚组的心理健康产生更大的保护作用。

参考文献

[1] Erica, L., Spotts, N. L., Pedersen, J. M., Neiderhiser, D., Paul, L., Kjell, H., & Marianne, C. Genetic effects on women's positive mental health: Do marital relationships and social support matter? [J]. Journal of Family Psychology, 2005, 19 (3): 339 – 349.

[2] Tuinman, M. A., Hoekstra, H. J., Fleer, J., Sleijfer, D. T., Hoekstra-Weebers, J. E. Self-esteem, social support, and mental

health in survivors of testicular cancer: A comparison based on relationship status [J]. Urologic Oncology: Seminars and Original Investigations, 2006, 24 (4): 279 - 286.

[3] Elisabeth, H. M., Eurelings, B., René, F. W., & Diekstra, M. V. Psychological distress, social support and social support seeking: A prospective study among primary mental health care patients [J]. Social Science & Medicine, 1995, 40 (8): 1083 - 1089.

[4] Barrera, M. J., Chassin, L., & Rogosch, F. Effects of social support and conflict on adolescent children of alcoholic and nonalcoholic father [J]. Journal of Personality and Social Psychology, 1993 (64): 602 - 612.

[5] Bonnie, M., Jamie, R., & Funderburk. Roles of perceived sexist events and perceived social support in the mental health of women seeking counseling [J]. Journal of Counseling Psychology, 2006, 53 (4): 464 - 473.

[6] Brian, L., & Edward, O. Relational regulation theory: A new approach to explain the link between perceived social support and mental health [J]. Psychological Review, 2011, 118 (3): 482 - 495.

[7] Cohen, S., & Willis, T. A. Stress, social support and the buffering hypothesis [J]. Psychological Bulletin, 1985, 98 (2): 307 - 357.

[8] Anne, C. P. Depressive symptoms during adolescence: Direct and stress - buffering effects of coping, control beliefs, and family relationships [J]. Journal of Applied Developmental Psychology, 1999, 20 (1): 45 - 62.

[9] 舒姝, 李辉, 陈春媛. 心理研究农民婚恋观的结构及问卷编制 [J]. 心理研究, 2011, 4 (4): 77 - 83.

[10] 汪向东, 王希林, 马弘. 心理卫生评定量表手册 [M]. 中国心理卫生杂志社, 1999. 31 - 35.

[11] Watson, D., & Friend, R.. Measurement of social - evaluative anxiety [J]. Journal of Consulting and Clinical Psychology. 1969 (33): 448 - 457.

实证篇

[12] Derogatis, L. R. How to use the Systom Distress Checklist (SCL −90) in clinical evaluations. Psychiatric Rating Scale, Vol . Self-report Rating Scale [M]. Hoffmann-La Roche Inc, 1975: 22 −36.

[13] Amiram, D. , & Vinokur, M. R. Social support and undermining in close relationships: Their independent effects on the mental health of unemployed persons [J]. Journal of Personality and Social Psychology, 1993, 65 (2): 350 −359.

[14] Eva, L. , & Astrid, K. W. The impact of social support on mental health service users' sense of coherence: A longitudinal panel survey [J]. International Journal of Nursing Studies, 2009, 46 (6): 830 −837.

[15] 赵立, 郑全全. 社会支持对农民择业倾向的影响 [J]. 中国临床心理学杂志, 2008, 16 (2): 176 −180.

[16] Cohen, S. , & Mckay, G. Social support, stress and the buffering hypothesis: A theoretical analysis [J]. Handbook of Psychology and Heath, 1984 (4): 253 −263.

[17] Peter, S. , & Alexander, J. R. Emotional states and physical health [J]. American Psychologist, 2000, 55 (1): 110 −121.

[18] Quimby, J. L. , & O' Brien, K. M. Predictors of well-being among nontraditional female students with children [J]. Journal of Counseling and Development, 2006, 84 (4): 451 −460.

[19] Antonia, A. , Frank, M. , Andrews, L. , & Jill, H. Provision and receipt of social support and disregard: What is their impact on the marital life quality of infertile and fertile couples? [J]. Journal of Personality and Social Psychology, 1995, 68 (3): 455 −469.

[20] Hideki, O. , Jersey, L. , Neal, K. , Hiroko, A. , & Hidehiro, S. Mental health among older adults in Japan: Do sources of social support and negative interaction make a difference? [J]. Social Science & Medicine, 2004, 59 (11): 2259 −2270.

第十三章　建筑业农民工
健康状况及保护因素研究

一、问题提出

建筑业是农民工较为集中的行业，据国家统计局报告，2012 年我国建筑业农民工的人数超过 4700 万，占全体农民工的 18.4%。[1]他们常常面临欠薪事件暴发、安全事故出现、工伤维权艰难等问题和挑战。[2]与其他民工群体相比，建筑业农民工的工作、生活条件更为艰苦，劳作更为艰辛，工作强度更大，也更缺乏安全保障[3]，因此，特别需要有良好的身体和心理素质作为基础，以使其安全生产和职业发展得到保障。

早在 1947 年，世界卫生组织（WHO）就提出，健康不仅仅是没有疾病或虚弱，而是生理、心理和社会适应处于完好状态，健康是生理健康、心理健康和社会健康的综合。不少学者对建筑业农民工的生理和心理健康进行了实证探讨，如苏莉等人[4]的研究发现，建筑业农民工心理健康水平整体低于全国平均水平，且低于其他行业农民工群体，普遍缺少工作安全感，经常出现自卑、焦虑、抑郁、躯体化等症状；张丽娟[5]对 1212 例嘉兴市建筑业农民工的健康体检结果进行分析，发现他们的身体健康状况整体较差，健康问题较多。学界对建筑业农民工社会健康的关注较多停留于思辨层面，且少有从整体健康（生理健康、心理健康和社会健康）的视角探讨这一群体的生存和发展问题。

黄永等人[6]的研究发现，建筑业农民工的主观生存质量不佳，与社会支持、工资收入等因素密切相关。作为城市里的弱势群体，农民工的社会处境普遍较差，经常受到歧视，又容易自我封闭，无法构建起基本的社会支持系

实
证
篇

统。Erica 等人[7]的研究证实，以人际支持为基础的社会支持对个体的身心健康具有重要的价值，能部分地预测心理健康，即使个体身患疾病，如若拥有以人际支持为主要内容的社会支持，也可以使个体的自尊和心理健康维持于较好的水平。[8]众多研究都证实社会支持对身心健康具有保护效用，既能发挥"主效应"的作用，又可以发挥"缓冲器"的作用。[9][10][11]Elisabeth 等人[12]发现，个体感受到他人的理解，寻求社会支持的意愿等，对维持较高水平的健康具有积极效用，然而，现实生活中农民工普遍缺乏心理健康服务需要的意识[13]，他们发挥社会支持系统效用的意愿停留于较低水平。马凤鸣等人[14]提出，建构以社区和家庭为主的社会支持网络，可以帮助提升农民工市民化的意愿，提升其生活质量。由此，改进农民工的生活质量和健康状况，既需要良好的社会支持系统作基础，又需要唤起和激发他们利用社会支持的观念和意识。在这个过程中，家庭支持及婚姻关系扮演了重要的角色。

来自家庭的物质和精神支持都是个体社会支持的重要内容，婚姻对农民工的身心健康、家庭幸福等具有显著的预测作用。[15]廖传景等人[16]的研究发现，已婚和未婚农民工的社会支持有显著差异，社会支持与社会交往的相关以及预测心理健康的程度和方式也有显著差异，但已有研究尚未揭示农民工的婚姻生活质量如何通过影响社会支持系统效用的发挥，进而作用于个体的健康。由于建筑业农民工的职业生存环境具有特殊性，环境更为艰苦，身体负担更重，他们更需要获得来自家庭（婚姻）的支持，以维持其健康水平，改善健康状况。那么，建筑业农民工的健康状况与婚姻生活质量、社会支持之间有什么样的关联，农民工的婚姻生活质量对其健康具有什么样的影响，婚姻生活质量如何通过影响社会支持系统进而作用于健康，还有哪些因素会对彼此的关联产生作用？都有待进一步探究。本研究试图从婚姻调适与社会支持的视角为农民工健康问题的解析、预防和干预提供实证依据。

二、研究对象与方法

（一）对象

以温州市瓯海区 10 个建筑工地的农民工为调查对象，采取整群随机抽样的方法，共发放问卷 540 份，回收问卷 501 份，其中有效问卷 446 份。样本的年龄分布为 35.62 ± 9.94 岁，具体分布：男 423 人（94.8%），女 23 人（5.2%）；已婚 344 人（77.1%），未婚 102 人（22.9%）；小学及以下 87 人（19.5%），初中 197 人（44.2%），高中、中专 104 人（23.3%），大专及以上 58 人（13.0%）；月收入 1000 元以下 29 人（6.5%），1000—2000 元 151 人（33.9%），2000—3000 元 138 人（30.9%），3000—4000 元 74 人（16.6%），4000 元以上 54 人（12.1%）。

（二）工具

1. 自测健康评定量表（SRHMS：Self-rated Health Measurement Scale）[17]

SRHMS 由许军等人编制，由 48 个条目组成，包括 3 个分量表和 9 个维度，生理健康分量表（身体症状与器官功能、日常生活功能、身体活动功能）、心理健康分量表（正向情绪、心理症状与负向情绪、认知功能）、社会健康分量表（角色活动与社会适应、社会资源与社会接触、社会支持）。每个条目下有一条 0—10 刻度的标尺，由评定者在自己认为适当的位置作出标记。3 个分量表和量表总分的理论最高值分别为 170、150、120 和 440 分，理论最小值均为 0 分。将总分除以各自题项数，得到平均值，范围为 0—10。得分越高，则个体健康状况越好。三个分量表及总量表的 α 系数分别为 0.857、0.847、0.815 和 0.898，本研究中的 α 系数分别为 0.821、0.839、0.870 和 0.884。

2. 婚姻调适测验（MAT：Marrige Adjustment Test）[18]

婚姻调适是指夫妻之间在一定时间内的相互适应，是个体对婚姻质量的评定指标。本研究采用由 Locke & Wallace 编订的婚姻调适测验（MAT）。该问卷用于客观、定量地对夫妻的婚姻调适、婚姻质量进行评估，共有 15 个题项，计算总分，分值在 2—158 之间，分数愈高表明婚姻调适愈好。该问卷的信度系数为 0.90，重测信度为 0.59，可用于在临床上区分满意和不满意的夫妻，分半信度和同时效度较好，在研究及临床领域应用广泛，之后开发的许多婚姻质量量表都以该量表为效标变量。[19]中文版的 MAT 经刘培毅、何慕陶[20]和徐安琪、叶文振等人[21]的推广和使用，已广泛应用于各种婚姻研究及不同人群的婚姻质量测量。

3. 社会支持量表（SSRS：Social Support Rate Scale）[22]

SSRS 由肖水源编制，该量表共 10 个条目，包含客观支持（可见的或实际的，包括物质上的直接援助、团体关系的存在和参与等）、主观支持（个体体验到的或情感上感受到的支持，如受尊重、被支持与理解的情感体验和满意程度）和支持利用度（个体对各种社会支持的主动利用，包括倾诉方式、求助方式和参加活动的情况）3 个维度。各维度及总分越高，则社会支持程度越高。SSRS 的重测信度为 0.92，各条目的在 α 系数 0.89—0.94 之间，本研究中该量表的 α 系数为 0.711。

（三）测量方法和统计

由施测者按照统一指导语对调查对象进行个别施测，每人完成测评在 20—30 分钟不等。如调查对象的读写能力不足以独立完成问卷，则由调查者逐条询问，根据回答做出判断，并做记录。所得数据采用 SPSS 20.0 和 Amos 20.0 进行处理。

三、结果

（一）建筑业农民工健康、婚姻调适与社会支持的总体情况及群体差异

建筑业农民工健康自评得分见表 13-1。比对 SRMHS 的平均分发现，生理健康最高，社会健康最低且标准差最大。农民工的婚姻调适水平与刘培毅等人[20]研究的年轻知识分子中对婚姻满意者的得分 113.5 分基本相当，总体上属于调适良好状态。群体差异检验发现，已婚农民工的心理健康与社会支持水平显著高于未婚者；文化程度越高，社会健康和总体健康就越好；月收入越高，健康状况和社会支持就越好。

表 13-1　健康状况、社会支持与婚姻调适总体及群体差异

变量	总分 （M ± SD）	平均分 （M ± SD）	婚姻状况 （t）	文化程度 （F）	月收入 （F）	婚姻调适	社会支持
生理健康	142.49 ± 13.08	8.39 ± 0.76	0.387	2.313	4.644 **	0.220 **	0.174 **
心理健康	107.12 ± 18.09	7.04 ± 1.22	− 3.206 **	0.189	6.749 **	0.375 **	0.288 **
社会健康	79.34 ± 19.57	6.58 ± 1.67	− 0.608	13.798 **	2.661 *	− 0.064	0.440 **
总体健康状况	328.95 ± 35.88	7.34 ± 0.88	− 1.780	6.557 **	4.238 **	0.234 **	0.449 **
婚姻调适 a	117.34 ± 22.42	—	—	2.019	1.417	—	—

变量	总分 （M ± SD）	平均分 （M ± SD）	婚姻状况 （t）	文化程度 （F）	月收入 （F）	婚姻调适	社会支持
社会支持	34.81 ±5.91	—	−8.750**	0.191	2.430*	—	—

注：本表中婚姻调适的统计值均采自已婚农民工。

*p < 0.05 **p < 0.01。

（二）已婚农民工健康状况与婚姻调适、社会支持的关联

相关分析发现，除社会健康与婚姻调适没有显著关联外，其余各项均有非常显著的关联（见表 13 - 2）。

表 13 - 2　健康状况、社会支持与婚姻调适相关（r）

变量	生理健康	心理健康	社会健康	总体健康状况
婚姻调适	0.220**	0.375**	− 0.064	0.234**
社会支持	0.174**	0.288**	0.440**	0.449**

注：*p < 0.05 **p < 0.01。

（三）不同婚姻调适水平的健康状况差异

按照 MAT 分数前 27%、中间 46% 和后 27% 的比例，将 344 例已婚农民工的婚姻调适划分为好（MAT≥135）、中（134 > MAT > 107）和差（MAT≤106）三组。方差分析发现，不同婚姻调适水平的生理健康、心理健康和总体健康状况存在显著差异，但社会健康未有显著差异（见表 13 - 3）。

表 13 - 3　不同婚姻调适水平的健康状况差异

变　量	（1）好（n = 96）	（2）中（n = 154）	（3）差（n = 94）	F	LSD
生理健康	145.62 ± 11.54	143.17 ± 13.87	138.35 ± 12.22	8.012**	（1）>（2），（3）
心理健康	112.96 ± 15.73	110.14 ± 15.96	96.54 ± 19.18	27.008**	（1）>（2），（3）
社会健康	77.36 ± 21.45	80.12 ± 20.19	80.02 ± 16.45	0.658	
总体健康状况	335.94 ± 33.85	333.43 ± 35.39	314.92 ± 35.06	10.922**	（1）>（2），（3）

注：*p < 0.05 **p < 0.01。

实证篇

（四）人口学变量、婚姻调适与社会支持变量对总体健康状况的回归分析

以总体健康为因变量，控制人口学变量，以婚姻调适和社会支持各维度为自变量进行多元回归分析，结果如表 13-4 所示。对比 4 个回归模型，模型 4 的解释力最大，文化程度、主观支持、支持利用度和婚姻调适一起预测了总体健康 26.7% 的变异。回归方程为，总体健康 = 181.050 + 6.404 × 文化程度 + 2.336 × 主观支持 + 5.612 × 支持利用度 + 0.317 × 婚姻调适。

表 13-4　回归方程模型汇总表

变量类型	预测因子	模型 1		模型 2		模型 3		模型 4	
		β	B	β	B	β	B	β	B
控制变量	文化程度	0.183**	7.491	0.201**	8.207	0.141**	5.781	0.157**	6.404
	主观支持			0.330**	3.176	0.322**	3.095	0.243**	2.336
自变量	支持利用度					0.323**	5.242	0.346**	5.612
	婚姻调适							0.198**	0.317
参数	Constant	312.833		228.635		202.205		181.050	
	R^2	0.034		0.142		0.244		0.276	
	R^2（Ad）	0.031		0.137		0.237		0.267	
	F	11.880**		28.329**		36.484**		32.240**	
	$\triangle R^2$	0.034		0.109		0.101		0.032	
	$\triangle F$	11.880**		43.308**		45.414**		15.000**	

注：* $p < 0.05$　** $p < 0.01$。

（五）各变量对健康状况作用的路径分析

为进一步揭示建筑业农民工健康状况及各变量的关系，根据回归分析的结果，假设婚姻调适与文化程度对农民工的健康具有直接预测效应，同时通过社会支持产生间接预测效应。本研究建构假设模型，验证模型与数据的拟合度，通过多次尝试，得出结构方程模型如图 13-1 所示。模型的拟合指数：$\chi 2 = 9.138$，$df = 4$，$\chi 2/df = 2.285$，$p = 0.058$，$RMSEA = 0.061$，$GFI = 0.991$，$AGFI = 0.954$，$NFI = 0.972$，$CFI = 0.983$，$IFI = 0.984$。均达到了测量学要求，拟合效果理想。

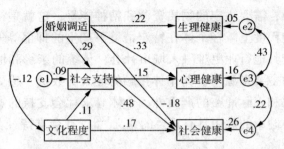

图 13 - 1　婚姻调适、文化程度与社会支持对健康状况影响的路径图

四、讨论

（一）整体较差的社会健康状况与较大的群体差异

本研究中农民工的社会健康水平最低，个体差异最大。这个结果反映了建筑业农民工的社会处境整体较差，他们经常遭遇欠薪，出现工伤无人理会的情况，维权频陷困境。[2]由于从事建筑行业的门槛较低，多数民工文化水平较低、维权意识缺乏、维权能力较差、缺少社会组织的保护、生活圈子狭窄、文化娱乐生活单调贫乏[4]，众多因素共同作用，一定程度上导致了他们的社会健康状况较差，获得的社会支持也相对较少。

群体差异检验发现，已婚农民工的心理健康与社会支持水平显著高于未婚者，这与廖传景等人[16]的研究结果是吻合的，也符合人们对这一现象的认知。研究中，农民工的文化程度越高，其社会健康和总体健康就越好，这可能与文化知识储备越好，就越容易适应社会，与社会保持良好接触，能获得更多的社会资源和社会支持有关。本研究中农民工的月收入越高，其健康状况和社会支持就越好，这与魏丹[23]的研究结果一致，经济发展和生活水平提高可在一定程度上帮助改善个体的健康状况。

（二）已婚农民工婚姻调适、社会支持与健康状况的相关分析

相关分析揭示建筑业农民工的婚姻生活质量、社会支持与健康状况紧密相关，这得到了相关研究的印证。农民工夫妻之间在一定时间内的相互适应（即婚姻调适）作为一种精神互动、生活关怀活动，对他们的身心健康与家庭幸福具有显著的预测作用[15]，Fowers, & Olson[24]认为，婚姻调适是家庭的一项基本功能，婚姻生活是否幸福直接反映家庭生活质量，同时也影响个体的身心健康。

从个体健康的外在影响因素来看，社会支持是一个重要变量。在人们应

对压力的过程中，需要一定的物质资源和精神能量，这就是社会支持，其可利用度能在一定程度上减轻个体在特定情境下产生的抑郁等负性情绪。[25]建筑业农民工相较其他行业更难融入城市社会，传统的亲缘和地缘关系就成了他们获得支持的主要来源[4]，与个体接触的他人的数量、感受到的他人的理解、自我满意感和人际冲突的严重性、个体寻求社会支持的意愿等，对社会支持发挥对身心健康的效用具有重要的意义[26]，社会支持对农民工社会健康的关联也相应更高。

（三）不同婚姻调适水平的健康状况差异分析

本研究中，农民工的婚姻调适越好，其生理和心理就越健康，这可能与良好的婚姻生活质量常带给个体生活和心理许多积极效应，带来了更多安定感、幸福感和满足感[27]等有关。建筑业农民工的生活和工作条件都相对较差，社会交往也较为封闭，常常感到无助或受漠视，因而他们更需要从家庭和婚姻中汲取改善自身感受、恢复精神能量的重要养分。婚姻状况在农民工城市生活压力和负性情绪之间具有显著的调节作用[28]，婚姻调适较好的农民工常常能得到家人更好的关心和照顾，无论在从业过程中，还是在家庭生活中，他们内心焦虑、紧张不安等负面情绪能在夫妻良好的沟通交流中得到缓解与放松。由此推知，由婚姻生活质量带来的能量，对建筑业农民工保持生理健康（缓和身体疲劳，减少躯体症状，提升身体活动功能）、促进心理健康（调节认知功能，优化正向情绪等）具有重要作用。

（四）农民工健康状况的影响和保护因素分析

从回归分析结果来看，农民工受教育水平、感受到的主观支持、对支持的利用度以及婚姻生活质量对身心健康具有保护作用。相比起客观支持，主观上感受到的支持以及个体对社会支持的支配和使用情况更能影响个体的健康状况。[29][30]婚姻调适较好的农民工，可以从家人、配偶那里获得更多的支持关心帮助，有助于缓解他们的身体疲劳，减少情绪低落等。

进一步的路径分析发现，婚姻调适对生理健康、心理健康与社会健康都具有直接预测效应，同时又通过社会支持对心理健康和社会健康产生间接预测效应。家庭能为个体提供持续的支持，家庭成员的良好互动能增加人们获得支持的数量和种类，从而保护个体的生理、心理和社会健康免于受损。[31]值得注意的是，婚姻调适对社会健康产生了 -0.18 的直接预测效应，但是社会支持在二者之间发挥了 0.14 的部分中介效应，社会支持抵消了婚姻调适对社会健康的负向效应。社会支持在婚姻调适和心理健康、社会健康之间起到了部分中介作用。已婚农民工能通过发挥主观支持的效能，有效调动个体的内心资源，特别是主观支持，并积极利用倾诉、求助和参加活动等方式来调节自己的心理和行为，保护自身健康不受外界干扰。[12]

文化程度对社会健康具有 0.17 的直接预测效应，还通过影响社会支持产生 0.05 的间接效应，社会支持在二者间发挥了部分中介效应。同时，社会支持在文化程度与心理健康之间发挥了完全中介效应。Barbara 等人[32] 提出，如果个体认为自己有人际无能焦虑感与社会拒斥感，就会影响到个体对社会支持的感知。随着受教育水平的提高，农民工对社会支持的感知与利用会产生积极的变化，他们的知识储备会更加丰富，认知能力会不断提升；社会适应能力会得到改善；会更积极地与外界接触，懂得寻求和利用社会资源等。通过这些途径，改善了他们的社会支持系统和提高了社会支持水平，成为农民工心理健康和社会健康的保护因素。

五、结论与建议

通过以上研究程序和分析，得出以下结论。

第一，建筑业农民工的社会健康状况较差，社会支持水平较低，婚姻调适处于良好状态。

第二，文化程度与月收入越高，农民工的社会健康就越好。

第三，农民工健康状况与婚姻调适、社会支持呈显著正相关，不同婚姻调适水平的农民工健康状况差异显著。

第四，文化程度、主观支持、支持利用度和婚姻调适对总体健康有正向预测效应。

第五，婚姻调适还通过社会支持对心理健康和社会健康产生间接预测效应，文化程度对社会健康具有直接预测效应，还通过社会支持产生间接预测效应，社会支持在文化程度与心理健康之间发挥完全中介效应。

第六，受教育程度、婚姻调适、社会支持等都是建筑业农民工健康状况的保护因素。

为帮助改善建筑业农民工的健康状况，根据研究结果提出以下建议。

第一，加强对建筑业农民工社会健康的关注。可以尝试在建筑公司内部搭建农民工互助、团结组织，帮助他们与承包商、工头等就薪资问题、工伤赔偿等事宜进行积极的协商，争取更多保障。呼吁政府部门严格执行劳动仲裁与事故赔偿等制度，给他们提供更多的社会性支援。要积极利用工会等组织开展各种形式的文化娱乐生活，鼓励农民工积极参与，为他们更好地融入社会创设条件。

实
证
篇

第二，积极开展科学文化知识、职业技能培训，提升农民工的文化、技能水平。劳务输出地政府可以开展关于建筑工程、施工安全、劳动保护、自我救助等方面的讲座或培训。建筑企业也要有针对性地开展职业技能培训，进行安全生产的宣传，以提升农民工学习意识。各种职业培训机构和高等院校可以因地制宜举办各种形式的课程班、学历班，帮助提升建筑业农民工的科学文化水平。

第三，开展切实有效的婚姻家庭生活指导工作。鼓励农民工加强学习，学习夫妻沟通方式，如必要的时候学会让步，经常就家庭事务共同协商；提高对配偶的信任度，创设条件一起参与共同感兴趣的户外活动；学习理财的方法，改掉不良的嗜好等，提升自我对婚姻与家庭的认识水平，提高婚姻生活的质量，促进身心健康。企业或社区可以适当组织能够促进农民工夫妻感情交流的活动，开展关于婚姻、家庭、子女教育方面的讲座或培训，就如何给家人提供心理和社会支持开展讨论。

第四，积极推进农民工市民化工作，改善农民工的社会生存处境。聂伟等人[33]提出，社会融入对农民工的精神健康具有调节作用，全面推动农民工的市民化，促进城市融入是改善农民工精神健康状况的关键因素。推进农民工的市民化是新时期我国经济社会良性发展的重要战略，于农民工个体而言，可以帮助改造其在城市里社会生活环境，有机会接触更优的社会资源，改善社会支持系统，提高自我效能感，积极促进和维护生理、心理和社会健康。

参考文献

[1] 国家统计局. 2012 年全国农民工总量达 2.6 亿，同比增 3.9% [EB/OL]. http://news. xinhuanet. com/2013 - 05/27/c_ 124767822_ 2. htm，2013 - 05 - 27.

[2] 杨召奎. 建筑业农民工三大问题待解 [N]. 工人日报，2015 - 01 - 15 (6).

[3] 张洁云. 建筑业农民工心理问题探析 [J]. 中共郑州市委党校学报，2013 (3)：32 - 36.

[4] 苏莉，韦波，凌小凤. 建筑工地农民工社会支持与心理健康相关分析 [J]. 现代预防医学，2009 (6)：1096 - 1097.

[5] 张丽娟. 嘉兴市 1212 例建筑业农民工健康体检结果分析 [J]. 中国

初级卫生保健，2014，28（1）：73 - 74.

[6] 黄永，王君锋，杨林胜，等. 建筑行业农民工生存质量及影响因素分析[J]. 中国公共卫生，2008，24（6）：717 - 719.

[7] Erica, L., Spotts, N. L., Pedersen, J. M., Neiderhiser, D., Paul, L., Kjell, H., & Marianne, C. Genetic effects on women's positive mental health: Do marital relationships and social support matter? [J]. Journal of Family Psychology, 2005, 19 (3): 339 - 349.

[8] Tuinman, M. A., Hoekstra, H. J., Fleer, J., Sleijfer, D. T., Hoekstra-Weebers, J. E. Self-esteem, social support, and mental health in survivors of testicular cancer: A comparison based on relationship status [J]. Urologic Oncology: Seminars and Original Investigations, 2006, 24 (4): 279 - 286.

[9] Barrera, M. J., Chassin, L., & Rogosch, F. Effects of social support and conflict on adolescent children of alcoholic and nonalcoholic father [J]. Journal of Personality and Social Psychology, 1993 (64): 602 - 612.

[10] Cohen, S., & Willis, T. A. Stress, social support and the buffering hypothesis [J]. Psychological Bulletin, 1985, 98 (2): 307 - 357.

[11] Anne, C. P. Depressive symptoms during adolescence: Direct and stress-buffering effects of coping, control beliefs, and family relationships [J]. Journal of Applied Developmental Psychology, 1999, 20 (1): 45 - 62.

[12] Elisabeth, H. M., Eurelings, B., René, F. W., & Diekstra, M. V. Psychological distress, social support and social support seeking: A prospective study among primary mental health care patients [J]. Social Science & Medicine, 1995, 40 (8): 1083 - 1089.

[13] 李琼，尹天子，杨帅，等. 农民工心理健康服务需要的现状调查与对策[J]. 西南大学学报（社会科学版），2011，37（3）：12 - 16.

[14] 马凤鸣. 农民工城市社会适应的影响因素——基于重庆和珠三角的比较研究[J]. 西南大学学报（社会科学版），2012，38（2）：145 - 150.

[15] 舒姝，李辉，陈春媛. 心理研究农民婚恋观的结构及问卷编制

实
证
篇

[J]. 心理研究, 2011 (4): 77 - 83.

[16] 廖传景, 毛华配, 张进辅. 青年农民工心理症状及影响因素: 未婚与已婚的比较 [J]. 中国农业大学学报 (社会科学版), 2014, (3): 47 - 53.

[17] 许军, 王斌会, 陈平雁. 健康评价 [J]. 国外医学社会学分册, 1999 (1): 1 - 3.

[18] Locke H J, & Wallace K M. Short marital-adjustment and prediction test: Their reliability and validity [J]. Marriage and Family Living, 1959 (3): 251 - 255.

[19] 袁莉敏, 许燕, 王斐, 等. 婚姻质量的内涵及测量方法 [J]. 中国特殊教育, 2007 (12): 85 - 90.

[20] 刘培毅, 何慕陶. 婚姻、家庭与心理健康——对 118 对年轻知识分子的调查分析 [J]. 中国心理卫生杂志, 1991 (5): 193 - 197.

[21] 徐安琪, 叶文振. 中国婚姻质量研究 [M]. 北京: 中国社会科学出版社, 1999: 71.

[22] 汪向东, 王希林, 马弘. 心理卫生评定量表手册 (增订版) [M]. 北京: 中国心理卫生杂志社, 1999: 127 - 131.

[23] 魏丹. 建筑业农民工的工资水平差异及分化机制研究——基于福建省 L 工地的实地调查 [J]. 南京农业大学学报 (社会科学版) 2014 (4): 49 - 56.

[24] Fowers B J, & Olson D H. Enrich marital inventory: A discriminant validity and cross-validation assessment [J]. Journal of Marital and Family Therapy. 1989 (1): 65 - 79.

[25] Herman-Stahl M, & Petersen A C. Depressive symptoms during adolescence: Direct and stress-buffering effects of coping, control beliefs, and family relationships [J]. Journal of Applied Developmental Psychology, 1999 (1): 45 - 62.

[26] Eurelings-Bontekoe E H, Diekstra R F, & Verschuur M. Psychological distress, social support and social support seeking: A prospective study among primary mental health care patients [J]. Social Science & Medicine, 1995 (8): 1083 - 1089.

[27] Cohen S, & Mckay G. Social support, stress and the buffering hypoth-

esis: A theoretical analysis[J]. Handbook of Psychology and Heath, 1984 (4): 253 – 263.

[28] 万懿，张腾霄，杨辉，等. 新生代农民工生活压力与负性情绪：婚姻的调节作用[J]. 中国临床心理学杂志，2014，22 (1): 163 – 166.

[29] Quimby J L, & O' Brien K M. Predictors of well-being among nontraditional female students with children[J]. Journal of Counseling and Development, 2006 (4): 451 – 460.

[30] Abbey A, Andrews F M, & Halman L J. Provision and receipt of social support and disregard: What is their impact on the marital life quality of infertile and fertile couples? [J]. Journal of Personality and Social Psychology, 1995 (3): 455 – 469.

[31] Vinokur A D, & Van Ryn M. Social support and undermining in close relationships: Their independent effects on the mental health of unemployed persons[J]. Journal of Personality and Social Psychology, 1993 (2): 350 – 359.

[32] Barrera M J, Chassin L, & Rogosch F. Effects of social support and conflict on adolescent children of alcoholic and nonalcoholic father[J]. Journal of Personality and Social Psychology, 1993 (64): 602 – 612.

[33] 聂伟，风笑天. 农民工的城市融入与精神健康——基于珠三角外来农民工的实证调查[J]. 南京农业大学学报（社会科学版），2013 (5): 32 – 40.

实
证
篇

第十四章 农民工社会支持
与心理症状的关系：社交回避及苦恼的影响

一、问题提出

关于农民工心理健康问题的研究方兴未艾，这也是一个有中国特色的研究课题。近年来，国内学者在不同地区开展了一系列针对农民工群体心理健康的研究，关注了不同类型农民工，如新生代农民工[1]、建筑业农民工[2]、返乡农民工[3]、创业农民工[4]等。随着研究的深入，关于农民工心理健康问题的研究内容，逐渐从早期的现状调查转向与农民工心理健康紧密相关影响因素的探索，如农民工的社会性影响因素与心理健康、社会融入、职业心理问题、自尊、主观幸福感以及农民工的需要心理等。[5]

作为城市里相对弱势的社会群体，农民工的社会支持对其心理健康有重要的意义。社会支持有助于个体减轻心理症状，并产生保护效应，已被当代心理学研究所证实[6][7][8][9]，社会支持对心理健康发挥了"主效应"和"缓冲器"作用。[10][11]社会支持可以帮助缓和心理症状，提升心理健康水平，但是这个过程会受到许多因素的影响。宫宇轩[12]认为社会认知在社会支持的感知中起着重要作用，Brian 和 Edward[13]研究发现感受到的支持对个体的心理健康具有重要作用，个体在心理健康状态不佳的时候，其所感知到的社会支持对健康的恢复发挥了显著的效应[14]，与个体接触的人的数量、感受到的理解、满意感、人际冲突的严重性、寻求社会支持的意愿等，对社会支持发挥对心理健康的效用具有重要的意义。[15]Barbara 等人[10]认为如果个体认为自己有人际无能焦虑及社会拒斥感，则会影响到个体对社会支持的感知。以上研究在涉及社会支持的心理健康效应时，都强调了个体对社会支持的感知、理解和寻求意向等。

对城市农民工来讲，其社会生存处境普遍较差，他们是一个缺乏保护、缺乏保障的群体，他们的权利常常受到侵犯。游走城市务工，他们没有自己的正规组织，也很难通过工会、妇联等组织发表自己的意见，还经常受到歧视[16]，这种歧视心理已经扩展到了社会生活的大多数领域，并产生了各式各样的具体表现形态。[17]整体较差的社会生活处境，使他们倾向于回避必要的社会交往，在交往过程中感受到的愉悦度也相对较低。农民工群体的社交回避及苦恼现象普遍存在，人际关系在心理健康方面是十分重要的，人际关系状况部分地解释了心理健康的变量[18]，农民工的社交回避及苦恼对其心理健康的预测达到了较高水平并成为重要的影响因素。[19]

拥有不同水平的社会支持，农民工的心理症状是否有显著差异？它们之间有何相关？异地务工的农民工由于各方面的原因在社会交往方面常常消极回避，其社会交往也容易产生苦恼体验和感受，社交回避及苦恼作为一个外在与内在的因素，在社会支持缓和心理症状的过程中，发挥了什么样的作用？这些都是值得研究的课题。近年来关于农民工心理健康问题的研究日益受到重视。但在研究对象上，对心理症状的影响机制的综合性研究甚少，在研究方法上，借助结构模型来说明农民工心理症状影响因素之间关系的研究也不多。本研究试图建构心理症状模型，来揭示社会支持、社交回避等因素影响心理症状的作用途径，为有效开展农民工心理卫生工作提供方法和依据。

二、研究对象与方法

（一）研究对象

以在浙江省温州市经济技术开发区民营企业务工的农民工为调查对象，采取随机抽样的方法选取调查对象，发放问卷 560 份，回收 484 份，有效问卷 407 份，有效率 72.5%。具体分布：男 268 人（65.8%），女 139 人（34.2%）；未婚（含离婚）223 人（54.8%），已婚（含再婚）184 人（45.2%）。

（二）研究工具[20]

1. 社会支持量表（SSRS）

该量表由肖水源编制，共 10 个条目，有客观支持、主观支持和对支持的利用度 3 个分量表。总得分和各分量表得分越高，说明社会支持程度越好。该量表经长期使用，表明设计基本合理，有效简便，条目易于理解无歧义，具有较好的信度和效度，重测信度为 0.92，各条目的一致性在 0.89—0.94 之间，适合我国人群使用。本研究中该量表的 α 系数为 0.711。

实
证
篇

2. 社交回避及苦恼量表（SADS）

采用 Watson 和 Friend 编制的社交回避及苦恼量表。本量表含有 28 个条目，包含回避分量表和苦恼分量表，回避是一种行为表现，苦恼则为情感反应。SADS 采用"是—否"评分制，得分范围从 0（最低程度的回避及苦恼）到 28（最高的一级）。内部一致性相当高，其均值与条目总的相关系数均值为 0.77，4 个月的重测相关信度为 0.68。本研究中该量表的 α 系数为 0.845。

3. 症状自测量表（SCL－90）

采用症状自评量表，该量表有 90 个项目 9 个因子（躯体化、强迫、人际关系、抑郁、焦虑、敌对性、恐怖、偏执和精神病性），各项目均采用 5 级评分（从无到严重）。本研究中该量表的 α 系数为 0.955。

（三）数据统计与处理

使用 SPSS17.0 与 AMOS17.0 统计软件包对数据进行分析。

三、结果

（一）农民工 SCL－90 心理症状总分、社交回避及苦恼与社会支持的相关分析

相关分析发现，社会支持各维度与 SCL－90 总分、社交回避、社交苦恼呈显著的负相关，在相关的程度上，客观支持没有主观支持和支持利用度高。社会支持总分与 SCL－90 总分的相关系数达到了 －0.617，达到了非常高的水平，与社交回避、社交苦恼的相关系数分别为 －0.215、－0.233。如表 14－1 所示。

表 14－1　农民工 SADS、SCL－90 各项与 SSRS 相关分析（r）

项目	客观支持	主观支持	支持利用度	SSRS 总分
SCL－90 总分	－0.252 **	－0.553 **	－0.401 **	－0.617 **
社交回避	－0.108 *	－0.165 **	－0.180 **	－0.215 **
社交苦恼	－0.113 *	－0.177 **	－0.209 **	－0.233 **

注：* $p < 0.05$ ** $p < 0.01$。

（二）农民工 SCL－90 总分、社会支持、社交回避及苦恼的群体差异分析

通过显著性差异检验发现，未婚农民工的 SCL－90 总分与社交苦恼显著高于已婚农民工，未婚者的支持利用度得分显著高于未婚农民工。其余的人

口学变量方差分析未发现 SCL-90、社会支持与社交回避及苦恼存在显著性差异。如表 14-2 所示。

表 14-2 农民工 SCL-90 总分、社会支持、社交回避及苦恼的群体差异检验

项目	性别（t）	婚否（t）	年龄（F）	文化程度（F）	月收入（F）
SCL-90 总分	0.980	4.499**	1.534	2.078	0.583
主观支持	1.199	-0.536	0.153	2.082	1.655
客观支持	0.499	-0.741	0.140	0.333	0.740
支持利用度	-0.921	-2.431*	0.902	0.637	1.542
社交回避	0.287	0.747	0.580	0.863	0.657
社交苦恼	1.900	2.853**	0.709	0.313	0.770

（三）农民工的社交回避及苦恼在社会支持与心理症状之间的影响路径分析

本研究已揭示社会支持对心理症状产生了显著的影响，如果社会支持是通过社交回避及苦恼来影响心理症状，则可判定社交回避及苦恼在二者的关系中发挥了中介效应。为了进一步揭示农民工社会支持、社交回避及苦恼和心理症状之间的关系，本研究根据上述相关检验结果建立模型，采用结构方程模型对数据与假设模型的拟合度进行了验证。得出农民工的模型具体拟合指数如表 14-3 所示。

表 14-3 模型拟合指数

χ^2	df	χ^2/df	p	GFI	$AGFI$	NFI	CFI	$RMSEA$
3.086	2	1.543	0.214	0.959	0.942	0.968	0.987	0.037

图 14-1 显示，模型在各项拟合指标上均达到了测量学要求，模型拟合良好。从模型来看，社会支持的三个维度都显著负向预测了心理症状，同时，主观支持和支持利用度还分别通过社交回避和社交苦恼对心理症状产生了负向的间接预测效应。

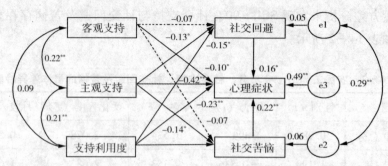

图 14 - 1　农民工社会支持、社交回避及苦恼与心理症状的关系模型

四、讨论

（一）农民工 SCL - 90 心理症状总分、社交回避及苦恼与社会支持的相关分析

本研究发现，农民工的 SCL - 90 总分、社交回避及苦恼与社会支持各维度之间均存在明显或非常明显的负相关。影响个体产生心理症状的因素是多种多样的，既有内在的，也有外在的。从外在因素来看，社会支持对心理健康产生保护效应已广泛被当代心理学研究所证实。本研究揭示了对城市农民工这个相对弱势的社会群体来讲，社会支持对缓解他们的心理症状，具有更大的作用。尽管学界对社会支持内涵的界定还存在分歧，但多数学者仍倾向于认为社会支持是保护人们免受压力事件不良影响的有益资源[21][22][23]，社会支持作为个体应对压力的一种重要资源，其可利用度与个体在特定情境下的抑郁等负性情绪有着重要的联系。[6]本次调查发现，主观支持和支持的利用度与个体的心理健康有更紧密的联系，这与 Quimby 和 O'Brien 等人[24]的研究结果是一致的，在社会支持中，主观感知到的支持比客观上得到的支持更能影响个体心理症状的表现。[13]

农民工的社交回避及苦恼与社会支持存在显著负相关，说明了无论对农民工群体还是个体来讲，要想获得更高水平的社会支持，解决社会交往过程中心理负担和行为退缩问题是十分重要的。社交回避是指回避社交的倾向，是一种持续、显著地对社交情形的焦虑[25]，由于文化背景的差异以及世俗的偏见，异地从业的农民工往往难以融入城市社会的主流文化中，传统的亲缘、地缘关系构成了农民社会支持的积极力量[26]，大多数城市农民工主要靠以亲缘、地缘为主的非正式途径就业，不同程度地存在"边缘人"的身份认同危机[27]，正是这种身份认同危机，让他们感受到更多的孤立、歧视或敌对，由于被孤立而回避正常的社会交往。

（二）不同婚姻状态的农民工心理症状、社会支持及社交回避差异分析

本研究中，不同婚姻状态的农民工在心理症状、社会支持和社交苦恼等方面存在明显或非常明显的差异，揭示了婚姻是影响农民工心理症状、社交行为与感受的重要因素，婚姻对农民工的身心健康、家庭幸福等具有显著的预测作用。[28]城市农民工异乡漂泊，辛勤劳作，生活条件相对较差，职业压力较大，人际交往较为封闭，工作关系更为紧张，常常处于被忽略、受漠视的境地，很自然的，婚姻与社会支持系统对他们改善自身的心理症状和调整社会交往心态具有重要的意义。婚姻给农民工的生活和心理带来了较大的改变，如更多的安定感、幸福感和满足感。[16]Amiram 和 Vinokur[29]揭示家庭成员能为个体提供持续的支持，这些支持能对个体的心理症状发挥缓解效应，家庭成员的亲近关系也能增加个体所获得的支持的数量和种类。那些结了婚并有孩子的人，从家庭获得了社会支持，并产生了积极的幸福感，可以对心理健康产生保护作用。[30]得到婚姻及家庭力量的支持，已婚农民工在内心世界里更多了婚姻的因素，对他们在陌生的城市里打拼，形成了巨大的支持效应。已婚农民工能直接通过社会支持系统来调节心理症状而不受社交回避及苦恼的干扰，他们能有效地运用婚姻来保护自己，调节自己的心理和行为，来自婚姻或家庭的支持，在一定范围内替代了来自社会的社会支持而对心理健康产生积极的促进作用。同时，婚姻是治疗心病的良药，婚姻与家庭让农民工在处理社会关系、谋求更高生活质量、保持职业稳定、建立良好人际关系、减少敌对性等方面表现出更积极的作用。

（三）农民工的社交回避及苦恼在社会支持与心理症状之间的影响路径分析

本研究中，农民工的社会支持各维度对 SCL‐90 总分具有较高水平的直接预测效应，说明农民工无论其所得到的是客观支持还是主观上感受到的支持，以及对支持的利用情况，都直接缓和了心理症状的表现，这与 Antonia，Frank，Andrews 和 Jill 等人[31]的研究结果相似。20—40 岁期间是一个人重要的生活事件发生的时期，如开始一个职业和建立各种关系。那些有身体疾病的人在患病期间拥有良好的人际关系，也同时拥有高水平的自尊和心理健康状态。[32]对大多数进城务工的农民工来说，他们中的大多数都处于 20—40 岁期间，对他们来讲，有效的社会支持能增强耐受、应付和摆脱紧张处境的能力，对心理健康是有好处的，良好的社会支持可以有效缓解心理症状的影响。当青年期个体感到自己拥有能给自身提供支持的人际关系时，他们倾向于以

实
证
篇

更加积极、灵活的方式来应对压力，个体的主观支持水平越高，就越会积极地与他人建立良好的社会关系，同时也相信在自己需要的时候能够得到来自亲朋好友与社会提供的必要支持和帮助，因此对自身状况和周围环境掌控能力的信心也会不断增强，并进而提高个人应对困难和挫折的自我效能感，从而保护自己的身心健康处于良性状态。[33][34]然而，当前城市农民工普遍的社会支持状况是他们远离家乡，难以直接获得亲人的支持；多从事临时性工作，缺乏有效的组织依靠；他们在权力、地位和社会声望方面处于劣势，也几乎没有可资利用的稀缺资源或特殊等价物参与到城市更广泛的社会交换中，去换取自我发展的资源和机会。在外在的社会支持无法得到根本改善的情况下，多数农民工会选择在主观上增强自主、自尊、自强的信念，以此维护自身的心理症状处于可以调控的范围。

本研究还揭示了农民工的社会支持通过社交回避和社交苦恼对心理症状产生了较高水平的负向预测效应，这说明农民工在得到的来自外界的主观方面和客观方面的社会支持对心理健康产生保护的同时，还会因为出现社交回避的行为和出现社交苦恼的感受而在一定程度上加剧他们的心理症状，即社交回避与社交苦恼在主客观的社会支持对心理健康的保护过程中，产生了明显的干扰作用。研究发现，有社交回避倾向的人，在实际交往中焦虑程度也较高，其参加小组讨论的兴趣也较低，在主动参与社会、完善自身人格、塑造和谐心灵方面，社交回避显然起到了阻碍作用。[35]大多数人封闭在农民工群体内部，容易临时集结成"同乡"等小团体，但各小团体之间、小团体内部也会常起争执或摩擦，由此导致人际关系难以适应[36]，若走不出自我封闭的狭小空间，不能适应本已狭小的社会生存空间，无法建构起更高水平的社会支持系统，城市农民工将出现一系列连锁心理症状，诸如自卑、自傲、抑郁、自私、孤独、无助、固执等。[37]

五、结论

第一，城市农民工社会支持各维度与 SCL-90 总分、社交回避及苦恼呈显著的负相关，在相关度上，客观支持没有主观支持和支持利用度高。

第二，不同婚姻状态的农民工的 SCL-90 总分、社交回避及苦恼与社会支持有显著的差异。

第三，城市农民工的社会支持能直接负向预测心理症状，同时，农民工的社会支持还通过社交回避及苦恼对心理症状产生了较高水平的负向预测效应。

参考文献

[1] 苏琦. 新生代农民工心理弹性与心理健康关系及相关的对策研究 [D]. 开封：河南大学，2007.

[2] 苏莉，韦波，凌小凤. 建筑工地农民工社会支持与心理健康相关分析[J]. 现代预防医学，2009，36（6）：1096-1097.

[3] 刘衔华. 春节返乡农民工心理健康调查[J]. 现代预防医学，2006，33（10）：1926-1927.

[4] 王二帅，丁桂凤. 农民工创业隐性知识学习量表的编制[J]. 心理研究，2012，5（5）：63-69.

[5] 胡娟霞. 近十年来国内农民工心理研究综述[J]. 社会心理科学，2010，25（7）：825-827.

[6] Anne, C. P. Depressive symptoms during adolescence: Direct and stress-buffering effects of coping, control beliefs, and family relationships [J]. Journal of Applied Developmental Psychology, 1999, 20 (1): 45-62.

[7] Barbara, R., Sarason, G. R., Pierce, E. N., Shearin, I. G., & Sarason, J. A. Perceived social support and working models of self and actual others[J]. Journal of Personality and Social Psychology, 1991, 60 (2): 273-287.

[8] John, S., & Carl, D. Social support and mental health: Direct, protective and compensatory effects[J]. Social Science & Medicine, 1984, 18 (3): 229-236.

[9] 刘晓，黄希庭. 社会支持及其对心理健康的作用机制[J]. 心理研究，2010，3（1）：3-8.

[10] Barrera, M. J., Chassin, L., & Rogosch, F. Effects of social support and conflict on adolescent children of alcoholic and nonalcoholic father[J]. Journal of Personality and Social Psychology, 1993 (64): 602-612.

[11] Cohen, S., & Willis, T. A. Stress, social support and the buffering hypothesis[J]. Psychological Bulletin, 1985, 98 (2): 307-357.

[12] 宫宇轩. 社会支持与健康的关系研究概述[J]. 心理学动态, 1994, 2 (2): 34 - 39.

[13] Brian, L., & Edward, O. Relational regulation theory: A new approach to explain the link between perceived social support and mental health[J]. Psychological Review, 2011, 118 (3): 482 - 495.

[14] Bonnie, M., Jamie, R., & Funderburk. Roles of perceived sexist events and perceived social support in the mental health of women seeking counseling [J]. Journal of Counseling Psychology, 2006, 53 (4): 464 - 473.

[15] Elisabeth, H. M., Eurelings, B., René F. W., & Diekstra, M. V. Psychological distress, social support and social support seeking: A prospective study among primary mental health care patients[J]. Social Science & Medicine, 1995, 40 (8): 1083 - 1089.

[16] 任柏强, 方立明, 奚从清. 移民与区域发展——温州移民社会研究[M]. 北京: 人民日报出版社, 2008, 171 - 172.

[17] 郭科. 融入与冲突: 新生代农民工的社会认同——基于西安市新生代农民工的实证研究[D]. 西安: 西北大学, 2009.

[18] Erica, L., Spotts, N. L., Pedersen, J. M., Neiderhiser, D., Paul, L., Kjell, H., & Marianne, C. Genetic effects on women′s positive mental health: Do marital relationships and social support matter? [J]. Journal of Family Psychology, 2005, 19 (3): 339 - 349.

[19] 廖传景. 青年农民工心理健康及其社会性影响与保护因素[J]. 中国青年研究, 2010 (1): 109 - 113.

[20] 汪向东, 王希林, 马弘. 心理卫生评定量表手册[M]. 北京: 中国心理卫生杂志社, 1999: 31 - 35, 241 - 243, 127 - 131.

[21] Cohen, S. & Mckay. G.. Social support, stress and the buffering hypothesis: A theoretical analysis [J]. Handbook of Psychology and Heath, 1984 (4): 253 - 263.

[22] John, S., & Carl, D. Social support and mental health: Direct, protective and compensatory effects [J]. Social Science & Medicine, 1984, 18 (3): 229 - 236.

[23] Eva, L., & Astrid, K. W. The impact of social support on mental health service users'sense of coherence: A longitudinal panel survey[J]. International Journal of Nursing Studies, 2009, 46 (6): 830-837.

[24] Quimby, J. L., & O'Brien, K. M. Predictors of well-being among nontraditional female students with children[J]. Journal of Counseling and Development, 2006, 84 (4): 451-460.

[25] 宋广文, 郝丙辉. 学生社交回避行为、苦恼体验状况及其与父母教养方式关系的研究[J]. 中国健康心理学杂志, 2005, 12 (2): 133-135.

[26] 赵立, 郑全全. 社会支持对农民择业倾向的影响[J]. 中国临床心理学杂志, 2008, 16 (2): 176-180.

[27] 李良进, 风笑天. 试论城市农民工的社会支持系统[J]. 内蒙古工业大学学报 (社会科学版), 2003, 12 (23): 12-16.

[28] 舒姝, 李辉, 陈春媛. 心理研究农民婚恋观的结构及问卷编制[J]. 心理研究, 2011, 4 (4): 77-83.

[29] Amiram, D., & Vinokur, M. R. Social support and undermining in close relationships: Their independent effects on the mental health of unemployed persons[J]. Journal of Personality and Social Psychology, 1993, 65 (2): 350-359.

[30] Hideki, O., Jersey, L., Neal, K., Hiroko, A., & Hidehiro, S. Mental health among older adults in Japan: Do sources of social support and negative interaction make a difference? [J]. Social Science & Medicine, 2004, 59 (11): 2259-2270.

[31] Antonia, A., Frank, M., Andrews, L., & Jill, H. Provision and receipt of social support and disregard: What is their impact on the marital life quality of infertile and fertile couples? [J]. Journal of Personality and Social Psychology, 1995, 68 (3): 455-469.

[32] Tuinman, M. A., Hoekstra, H. J., Fleer, J., Sleijfer, D. T., Hoekstra-Weebers, J. E. Self-esteem, social support, and mental health in survivors of testicular cancer: A comparison based on relationship status[J]. Urologic Oncology: Seminars and Original Investiga-

实证篇

tions, 2006, 24 (4): 279 - 286.

[33] Kathieen, M. LNaney, E. B& Eriea, J. M. Unsupportive responses from others cognomina stress full efficient : Development of the unsupportive social interaction inventory[J]. Journal of Social and Clinic Psychology, 2000 (2): 173 - 208

[34] Peter, S. , & Alexander, J. R. Emotional states and physical health [J]. American Psychologist, 2000, 55 (1): 110 - 121.

[35] Watson, D. , & Friend, R. Measurement of social-evaluative anxiety [J]. Journal of Consulting and Clinical Psychology, 1969 (33): 448 - 457.

[36] 骆焕荣, 黄锋锐, 张雪静, 等. 城市农民工心理状态调查分析 [J]. 中国民康医学, 2006 (6): 504 - 505.

[37] 邓湘云. 大学生心理健康水平与心理障碍相关研究[J]. 南昌航空工业学院学报, 2010, 3 (4): 66 - 67.

第十五章　农民工社交回避及苦恼
与心理症状的关系研究

一、问题提出

当前关于农民工心理健康问题的研究方兴未艾，这也是一个有中国特色的研究课题。近年来，国内学者在不同地区开展了一系列针对农民工群体心理健康现状的调查研究。当前，关于农民工心理健康问题的研究内容，逐渐从早期的现状调查转向与农民工心理健康紧密相关影响因素的探索，如农民工的社会性影响因素与心理健康、社会融入、职业心理问题、自尊、主观幸福感以及农民工的需要心理等。[1]当前关于中国农民工心理健康问题在许多方面是值得深入探讨的。

作为城市里相对弱势的社会群体，农民工的社会交往状况对他们的心理健康有重要的意义。良好的社交意愿及社交行为，能为农民工建构良好的社会支持系统，而社会支持有助于个体减轻心理症状，并产生保护效应[2][3][4]，然而对大多数城市农民工来讲，他们的社会生存处境普遍较差，是一个缺乏保护、缺乏保障的群体，他们的权利常常受到侵犯。游走城市务工，他们没有自己的正规组织，也很难通过工会、妇联等组织发表自己的意见，还经常受到歧视，这种歧视心理已经扩展到了社会生活的大多数领域并产生了各式各样的具体表现形态[5][6]，整体较差的社会生活处境，使他们倾向于回避必要的社会交往，在交往过程中的意愿水平和感受到的愉悦度也相对较低。无论农民工群体还是个体，他们的社交回避行为及苦恼体验是普遍存在的。研究已经证实，人际交往及其在交往基础上建立起来的人际关系对个体的心理健康是十分重要的，人际关系状况能部分地解释心理健康的变量[7]，如果个体认为自己有人际无能、焦虑及社会拒斥感，则会影响到个体对社会交往的感知[3]，而 Brian 和 Edward[8]在研究中强调了感受到的社会支持对心理健康的作用。

在异地务工的农民工由于各方面的原因在社会交往方面常常消极回避，其社会交往也容易产生苦恼体验和感受，社交回避及苦恼作为外在的行为因素，对农民工的心理症状产生了什么样的影响？彼此之间有什么样的关联？这些都是值得研究的课题。近年来关于农民工心理健康问题的研究日益受到重视。但从农民工社会交往角度阐述对其心理症状影响的研究甚少，本研究试图揭示社交回避及苦恼影响心理症状的作用途径，为有效开展农民工心理卫生工作提供方法和依据。

二、研究方法

（一）研究对象

以在浙江省温州市经济技术开发区民营企业务工的农民工为调查对象，采取随机抽样的方法选取调查对象，发放问卷 560 份，回收 484 份，有效问卷 407 份，有效率 72.5%。具体分布如下：男 268 人（65.8%），女 139 人（34.2%）；未婚（含离婚）223 人（54.8%），已婚（含再婚）184 人（45.2%）。

（二）研究工具

1. 社交回避及苦恼量表

采用 Watson 和 Friend 编制的社交回避及苦恼量表（SAD）。[9]本量表含有 28 个条目，包含回避分量表和苦恼分量表，回避是一种行为表现，苦恼则为情感反应。SADS 采用"是—否"评分制，得分范围从 0（最低程度的回避及苦恼）到 28（最高的一级）。内部一致性较高，其均值与条目总的相关系数均值为 0.77，4 个月的重测相关信度为 0.68。本研究中该量表的 α 系数为 0.845。

2. 症状自测量表

采用 Derogatis 编制的症状自评量表（SCL－90）[10]，该量表有 90 个项目 9 个因子（躯体化、强迫性、人际关系、抑郁性、焦虑性、敌对性、恐怖性、偏执性和精神病性），各项目均采用 5 级评分（从无到严重）。本研究中该量表的 α 系数为 0.955。

（三）数据统计与处理

使用 SPSS17.0 统计软件包对数据进行分析。

三、结果

（一）农民工 SCL-90 各项得分、常模比较及与 SAD 的相关分析

将农民工的 SCL-90 各因子及总分与常模（n=1388）进行比较发现，除了躯体化、人际敏感和抑郁因子外，其余的得分均显著高于常模。农民工心理问题的检出率为 24.30%（SCL-90 总分 >160）；各因子问题检出率（M>2）如表 15-1 所示，最高的因子为强迫性（25.55%），最低的为恐怖性（8.60%），M>3 的情况下，检出率最高的因子是人际敏感（3.93%）、敌对性（3.93%），最低的是躯体化（0.74%）。本次调查发现，社交回避得分分布为 4.41±1.59，社交苦恼为 5.39±2.31，社交回避及苦恼的总分分布为 9.81±3.21。SAD 因子与 SCL-90 各因子及总分均呈显著的正相关。

表 15-1　农民工 SCL-90 各项得分、常模比较及与 SAD 的相关分析

项目	$M \pm SD$ (n=407)	常模 (n=1388)	t	M>2 (%)	M>3 (%)	社交回避 (r)	社交苦恼 (r)
躯体化	1.41±0.41	1.37±0.48	1.818	9.58	0.74	0.268**	0.281**
强迫性	1.74±0.55	1.62±0.58	4.247**	25.55	3.69	0.321**	0.371**
人际敏感	1.66±0.57	1.65±0.51	0.464	19.66	3.93	0.282**	0.333**
抑郁性	1.55±0.56	1.50±0.59	1.842	17.94	2.95	0.340**	0.391**
焦虑性	1.47±0.47	1.39±0.43	3.358**	13.51	1.23	0.330**	0.378**
敌对性	1.56±0.57	1.48±0.56	2.903**	15.48	3.93	0.267**	0.311**
恐怖性	1.38±0.46	1.23±0.41	6.742**	8.60	2.21	0.228**	0.288**
偏执性	1.50±0.48	1.43±0.57	2.893**	12.29	1.47	0.303**	0.373**
精神病性	1.45±0.48	1.29±0.42	6.890**	10.07	1.97	0.350**	0.380**
SCL-90 总分	137.32±39.33	129.96±38.76	3.776**	24.30	(M>160)	0.357**	0.406**

注：* p<0.05　** p<0.01。

（二）农民工 SCL - 90 未检出组与检出组在性别、婚姻状况、社交回避分组与社交苦恼分组上的差异

将本次调查的 SCL - 90 数据区分为未检出组和检出组，分别考察不同的性别、不同的婚姻状况和不同的社交回避与社交苦恼分组的分布情况。经卡方检验，发现性别组的 $\chi2 = 2.004$，$P > 0.005$，两组构成比差别没有统计学意义，SCL - 90 阳性检出率男性与女性没有差异。婚姻组、不同社交回避和社交苦恼得分组的 $\chi2$ 均有显著的差异，表明不同婚姻状态、不同社交回避和社交苦恼得分组之间的 SCL - 90 阳性检出率均存在显著的差异。详见表 15 - 2。

表 15 - 2　农民工 SCL - 90 未检出组与检出组
在性别、婚姻状况、社交回避分组与社交苦恼分组上的差异

比较维度	未检出组 (SCL - 90 总分 < 160)		检出组 (SCL - 90 总分 > 160)		χ^2
	n	%	n	%	
男性	197	73.5	71	26.5	2.004
女性	111	79.9	28	20.1	
未婚	150	67.3	73	32.7	18.958**
已婚	158	85.9	26	14.1	
社交苦恼前 27% 组	97	89.0	12	11.0	47.522**
社交苦恼中 46% 组	152	80.9	36	19.1	
社交苦恼后 27% 组	59	53.6	51	46.4	
社交回避前 27% 组	107	98.2	2	1.8	42.260**
社交回避中 46% 组	136	72.3	52	27.7	
社交回避后 27% 组	65	59.1	45	40.9	
合计	308	75.7	99	24.3	

注：** p < 0.01。

（三）农民工 SCL - 90 与 SAD 的组间差异

以婚姻状况、性别、年龄、文化程度、月收入以及工作年限为组间变量，

考察农民工 SCL-90 与 SAD 的差异，发现婚姻具有显著的主效应；男性的偏执性因子得分显著高于女性得分；年轻农民工的人际敏感和恐怖性因子得分显著高于年长者得分；文化程度越低，人际敏感、抑郁性和敌对性越明显；月收入和工作年限没有显著的主效应，详见表 15-3。

表 15-3　农民工 SCL-90 与 SAD 各项的组间差异

项目	婚姻（t）	性别（t）	年龄	文化程度	月收入	工作年限
躯体化	0.833	0.915	1.318	1.406	0.141	1.636
强迫性	2.723**	1.032	.330	0.676	0.209	0.050
人际敏感	4.895**	0.011	2.763*	2.660*	0.668	0.727
抑郁性	4.707**	0.904	1.915	3.111*	0.952	0.640
焦虑性	4.883**	0.803	1.582	2.098	2.110	0.592
敌对性	3.643**	0.637	2.422	3.203*	0.438	0.972
恐怖性	4.006**	-1.948	6.868**	2.322	2.245	2.366
偏执性	4.886**	2.449*	1.893	0.869	1.529	0.545
精神病性	5.123**	1.391	2.075	1.548	1.134	0.383
SCL-90 总分	4.499**	0.980	1.534	2.178	0.583	0.192
社交回避	0.747	0.287	0.580	0.863	0.657	0.301
社交苦恼	2.853**	1.900	0.709	0.313	0.770	1.591

注：* $p < 0.05$　** $p < 0.01$。

（四）农民工 SAD 对 SCL-90 的回归分析

为进一步揭示农民工的社交回避及苦恼对心理症状的影响，本研究以 SCL-90 总分为因变量，分别让人口学变量以及 SAD 分两步进入回归方程，进行多元分层回归。结果如表 15-4 所示，婚姻变量在二个方程中的预测作用均非常明显，引入 SAD 变量后，SAD 的因子均进入了回归方程，调整的 R^2 为 0.242。

实
证
篇

表15-4　农民工SAD对SCL-90的回归分析

模型		R	R^2	Adjusted R^2	未标准化系数		标准化系数	t
					B	标准误	β	
1	（常数）	0.218	0.048	0.045	162.329	5.875		27.629**
	婚姻				-17.222	3.828	-0.218	-4.499**
2	（常数）	0.498	0.248	0.242	101.474	7.882		12.874**
	婚姻				-13.167	3.444	-0.167	-3.824**
	社交苦恼				5.078	0.784	0.299	6.481**
	社交回避				6.247	1.130	0.253	5.528**

四、讨论

（一）农民工心理症状与社交回避及苦恼现状

本研究中农民工的SCL-90各因子及总分大多数都显著高于常模，这与高倩[11]、何江江等人[12]、孙崇勇等人[13]的研究结果是一致的，农民工心理症状的检出率为24.30%，接近于李连龙、李琼、夏芸、胡明利和郭薇等人[14]提出的22.86%的比例，农民工的心理症状处于相对较为严重的状态。本研究揭示的农民工的心理症状最突出的表现为强迫心理、人际敏感和敌对性等，这些问题都与农民工所面临的诸如生产生活环境差、缺乏社会保障、子女就学难、受社会歧视等问题有密切的关联，因而他们成为中国社会发展进程中的一个庞大的弱势群体。

从SAD调查结果来看，其总分显著高于林雄标与胡赤怡[15]研究中的样本得分8.03 ± 4.64（$t = 11.166$，$p = 0.000$），可见农民工个体的社会交往状况还存在行为上明显的退缩、回避，情感上更多的焦虑、苦恼体验。这与农民工远离家乡，难以直接获得亲人的支持；多从事临时性工作，缺乏有效的组织依靠；在权力、地位和社会声望方面处于劣势，也几乎没有可资利用的稀缺资源或特殊等价物参与到城市更广泛的社会交换中，去换取自我发展的资源和机会[16]等有密切的关联。

（二）农民工社交回避及苦恼与心理症状的相关分析

本次调查发现，农民工SAD两因子与SCL-90总分的相关度非常高，这与盛红勇[17]在大学新生中所做的相关研究的结论是一致的。在第三部分，本研究根据 SAD 两个因子得分的高低，区分前 27%、中间 46% 和后 27% 三组，比较 SCL – 90 阳性检出率，其 χ2 具有区别显著性差异的统计学意义。这说明，社交回避及苦恼得分的高低对 SCL – 90 的得分具有显著的区分功能，这也进一步说明了 SAD 与 SCL – 90 存在密切的关联。心理症状的典型特点之一便是在人际交往过程中的自我退缩和体验到的焦虑、苦恼。社交回避是指回避社交的倾向，是一种持续、显著地对社交情形的焦虑[18]，Watson 和 Friend[9] 研究发现，有社交回避倾向的人，在实际交往中焦虑程度也较高，其参加小组讨论的兴趣也较低，在主动参与社会、完善自身人格、塑造和谐心灵方面，社交回避显然起到了阻碍作用。城市农民工在现实生活中的社交行为表现，以及他们身上所表现出来的心理症状，对这个结论作了生动的注脚。由于文化背景的差异以及世俗的偏见，在异地从业的农民工往往难以融入城市社会的主流文化中，传统的亲缘、地缘关系构成了农民社会支持的积极力量[19]，大多数城市农民工主要靠以亲缘、地缘为主的非正式途径就业，不同程度地存在"边缘人"的身份认同危机[16]，这种身份认同危机，让他们感受到更多的孤立、歧视或敌对，由于被孤立而回避正常的社会交往，进而对身心健康产生不良影响。

（三）农民工 SCL – 90 得分在不同变量上的差异分析

本研究以 SCL – 90 总分等于 160 为界，建立阳性未检出组与检出组，对不同性别和婚姻状况的农民工进行差异比较，发现性别变量的未检出率与检出率差别没有统计学意义，婚姻变量有显著的差异。这样的结果与第三部分以婚姻状况、性别、年龄、文化程度、月收入以及工作年限为组间变量，考察农民工 SCL – 90 的差异的结果是一致的。婚姻具有心理症状显著的主效应，这说明了婚姻是影响农民工心理症状的重要因素，婚姻对农民工的心理症状具有显著的直接预测作用。城市农民工异乡漂泊，辛勤劳作，生活条件相对较差，职业压力较大，人际交往较为封闭，工作关系更为紧张，社会地位不高，常常处于被忽略、受漠视的境地，很自然的，以婚姻为基础构建起来的社会支持系统对他们改善自身的心理症状和调整社会交往心态具有重要的意义。婚姻给农民工的生活和心理带来了巨大的改变，带来了更多安定感、幸福感和满足感。[20] Amiram 和 Vinokur[21] 揭示家庭成员能为个体提供持续的支持，这些支持能对个体的心理症状发挥缓解效应，家庭成员的亲近关系也能增加个体所获得的支持的数量和种类。那些结了婚并有孩子的人，从家庭获得了社会支持，并产生了积极的幸福感，可以对心理健康产生保护作用。[22]本次调查所揭示的未婚农民工的社交苦恼显著高于已婚者，也就很好理解了。已婚农民工能运用婚姻来保护自己，调节自己的心理和行为，来自婚姻或家庭的支持，在一定范围内替代了来自其他社会支持而对心理健康产生积极的促进作用。年轻农民工的人际敏感和恐怖性因子得分显著高于年长者，也从侧面说明了家庭婚姻生活、年岁增长、生活积累、经验丰富和熟悉人情世故等对于保障农民工的身心不受外界影响，具有重要的价值。

（四）农民工 SAD 对 SCL-90 的回归分析

通过回归分析发现，农民工的社交回避及苦恼对其心理症状具有显著的直接、正向预测效应，预测率为 0.68，作为城市里的弱势群体，农民工的不良社交地位、不良社交行为及消极的社交感受对他们的心理健康产生了显著的负面影响，回避社交情境、感受到社交带来的负向情绪在一定程度上加剧了他们的心理症状。现实生活中，大多数人封闭在农民工群体内部，容易临时集结成"同乡"等小团体，但各小团体之间、小团体内部也会常起争执或摩擦，由此引起人际关系难以适应[23]，若走不出自我封闭的狭小空间，不能适应本已狭小的社会生存空间，无法建构起更高水平的社会支持系统，城市农民工将出现一系列连锁心理症状，诸如自卑、自傲、抑郁、自私、孤独无助、固执等。[24]研究发现，与个体接触的人的数量、感受到的理解、满意感、人际冲突的严重性，寻求社会支持的意愿等，对心理健康的具有重要的意义。[25]然而，由于城市农民工处于整体较差的生活状态，他们中的大多数倾向于回避必要的社会交往，由于感受到自身的缺陷及外乡人的身份等，在与他人的交往过程中也时常感受到被忽视、受歧视、被不公正对待等心理，因而，普遍存在的农民工社交回避及苦恼现象，对其心理健康产生了直接的预测效应。当个体感到自己拥有良好的社交行为，建构起能给自身提供支持的人际关系时，他们倾向于以更加积极、灵活的方式来应对外界的压力，同时也相信在自己需要的时候能够获得来自亲朋好友、工作单位乃至全社会必要的支持和帮助，对自身状况和周围环境掌控能力的信心也会不断增强，并进而提高个人应对困难和挫折的自我效能感，从而保护自己的身心健康处于良性状态。[26]关于社会支持对农民工的社交行为影响心理健康的效应、过程和原理，还有待于进一步深入探讨。

五、结论

第一，城市农民工 SCL-90 与 SAD 总体状况令人担忧，均明显低于正常水平；社交回避及苦恼与心理症状之间呈显著的正相关。

第二，城市农民工处于不同的婚姻状态，其心理症状和社交苦恼具有显著的差异。

第三，城市农民工的社交回避及苦恼直接正向预测了心理症状。

参考文献

[1] 胡娟霞. 近十年来国内农民工心理研究综述[J]. 社会心理科学, 2010, 25 (7): 825 - 827.

[2] Anne, C. P. Depressive symptoms during adolescence: Direct and stress-buffering effects of coping, control beliefs, and family relationships [J]. Journal of Applied Developmental Psychology, 1999, 20 (1): 45 - 62.

[3] Barbara, R., Sarason, G. R., Pierce, E. N., Shearin, I. G., & Sarason, J. A. Perceived social support and working models of self and actual others[J]. Journal of Personality and Social Psychology, 1991, 60 (2): 273 - 287.

[4] John, S., & Carl, D. Social support and mental health: Direct, protective and compensatory effects[J]. Social Science & Medicine, 1984, 18 (3): 229 - 236.

[5] 袁亚愚. 对近年来歧视进城务工农民现象的思考[J]. 社会科学研究, 1997 (6): 49 - 55.

[6] 郭科. 融入与冲突: 新生代农民工的社会认同——基于西安市新生代农民工的实证研究[D]. 西安: 西北大学, 2009.

[7] Erica, L., Spotts, N. L., Pedersen, J. M., Neiderhiser, D., Paul, L., Kjell, H., & Marianne, C. Genetic effects on women's positive mental health: Do marital relationships and social support matter? [J]. Journal of Family Psychology, 2005, 19 (3): 339 - 349.

[8] Brian, L., & Edward, O. Relational regulation theory: A new approach to explain the link between perceived social support and mental health[J]. Psychological Review, 2011, 118 (3): 482 - 495.

实
证
篇

[9] Watson, D., & Friend, R.. Measurement of social-evaluative anxiety [J]. Journal of Consulting and Clinical Psychology. 1969 (33): 448 – 457.

[10] 汪向东, 王希林, 马弘. 心理卫生评定量表手册[M]. 北京: 中国心理卫生杂志社, 1999: 127 – 131.

[11] 高倩. 2010 年西安境内农民工心理健康状况调查报告[J]. 黑河学刊. 2011, 163 (3): 155 – 156.

[12] 何江江, 徐凌忠, 孙辉, 等. 威海市农民工心理健康状况及影响因素分析[J]. 中国公共卫生, 2008, 24 (8): 942 – 944.

[13] 孙崇勇. 东北地区农民工心理健康状况的调查与分析[J]. 四川精神卫生, 2007, 20 (1): 17 – 19.

[14] 刘连龙, 李琼, 夏芸, 等. 西安市农民工心理健康状况调查及其影响因素[J]. 中国健康心理学杂志, 2012, 20 (1): 61 – 63.

[15] 林雄标, 胡赤怡. 社交恐怖症的临床与认知特点[J]. 上海精神医学, 1997, 9 (2): 87 – 90.

[16] 李良进, 风笑天. 试论城市农民工的社会支持系统[J]. 内蒙古工业大学学报 (社会科学版), 2003, 12 (23): 12 – 16.

[17] 盛红勇. 大学新生社交回避、苦恼、羞怯与心理健康相关研究 [J]. 贵州师范学院学报, 2010, 26 (4): 61 – 63.

[18] 宋广文, 郝丙辉. 学生社交回避行为、苦恼体验状况及其与父母教养方式关系的研究[J]. 中国健康心理学杂志, 2005, 12 (2): 133 – 135.

[19] 赵立, 郑全全. 社会支持对农民择业倾向的影响[J]. 中国临床心理学杂志, 2008, 16 (2): 176 – 180.

[20] 任柏强, 方立明, 奚从清. 移民与区域发展——温州移民社会研究[M]. 北京: 人民日报出版社, 2008: 171 – 172.

[21] Amiram, D., & Vinokur, M. R. Social support and undermining in close relationships: Their independent effects on the mental health of unemployed persons[J]. Journal of Personality and Social Psychology, 1993, 65 (2): 350 – 359.

[22] Hideki, O., Jersey, L., Neal, K., Hiroko, A., & Hidehiro, S.

Mental health among older adults in Japan: Do sources of social support and negative interaction make a difference? [J]. Social Science & Medicine, 2004, 59 (11): 2259 - 2270.

[23] 骆焕荣, 黄锋锐, 张雪静, 等. 城市农民工心理状态调查分析 [J]. 中国民康医学, 2006 (6): 504 - 505.

[24] 邓湘云. 大学生心理健康水平与心理障碍相关研究[J]. 南昌航空 工业学院学报, 2010, 3 (4): 66 - 67.

[25] Elisabeth, H. M., Eurelings, B., René F. W., & Diekstra, M. V. Psychological distress, social support and social support seeking: A prospective study among primary mental health care patients[J]. Social Science & Medicine, 1995, 40 (8): 1083 - 1089.

[26] Kathieen, M. L, Naney, E. B, & Eriea, J. M. Unsupportive responses from others cognomina stress full efficient: Development of the unsupportive social interaction inventory[J]. Journal of Social and Clinic Psychology, 2000 (2): 173 - 208.

后　记

　　20 世纪 80 年代，农民工被称为城市里的"盲流"。从描述语气来看，明显充满了被排斥的气息。近几年来，失去土地流浪奔波于城市的农民工纷纷被各地所接纳，冠以"新 * * 人"之谓。这一巨大转变，也郑重显示了农民工集体的蜕变与发展，显示了农民工对中国经济、社会发展的宏大作用。

　　在社会学、法学、政治学、经济学等学科领域对农民工纷纷予以关注的时代背景下，农民工的社会地位、身份转化，农民工的维权与犯罪、纠纷处置，农民工的参政身份等课题研究成果不断呈现于各大学术杂志。随着时间的推移，关于农民工市民化、农民工心理与行为等课题，越来越被学界所重视。本书以农民工市民化进程中在城市社会里的心理融合及心理健康问题为研究对象，从理论建构与实证探讨两个视角展开论述。对比 3 亿农民工为中国经济社会发展所做的贡献，我们的努力是如此微不足道。在写作过程中，我们越发认识到农民工的心理与行为研究之路依旧"路漫漫其修远兮"，吾辈当继续"上下而求索"。希望这只是个开始。

本书的编写主要由廖传景（理论篇第一章、第六章、第七章，实证篇第九章、第十一章、第十二章、第十三章、第十四章、第十五章）和胡新新（理论篇第二章、第三章、第四章、第五章，实证篇第八章、第十章）完成，廖传景统稿。在课题研究过程中，课题组成员（温州医科大学陈莉教授、温州大学毛华配博士、温州职业技术学院赵生玉副教授、温州大学余如英老师等）均付出了大量努力，并且提出了许多有价值的参考意见。感谢许多农民工心理健康研究的先行者，感谢所有参与了实证研究的农民工朋友。感谢云南人民出版社，感谢成都蓓蕾文化传播有限公司，感谢研究生黄蓉、孙道凯、林婉清、张科、袁全云、毛凌萱、陈依蕾，为本书的出版做了很多努力。

书已著毕，希望我们的努力也只是个开始。

作　者

2020 年 8 月于温州

后记

· 193 ·